ぼくたちには「体育」がこう見える

「体育」は学びの宝庫である

為末 大［編著］

大修館書店

はじめに

体育からスポーツへ。


1964年の東京五輪から2021年の東京五輪に向けて、まるでリノベーションするように、各所で「体育」という名前が「スポーツ」に置き換えられていった。

体育は窮屈で、スポーツは自由だ。体育は教育的で、スポーツはエンターテイメントだ。体育は古く、スポーツは新しい。体育は悪者だ。そんな声を各地で聞いた。

体育の授業だけが楽しみで、それ以外はほとんど退屈して過ごしていた私のような人間ですら、たしかに体育はちょっと窮屈だった。


一方で大人の悩みは、身体に関わるものが多い。私のような元陸上選手でオリンピアンという背景を持っていると、

「最近ランニングを始めました。走るときには何を意識したらいいですか?」

「膝が痛いんだけど、いい治療法はないですか?」

「太っちゃうんだけど、何を食べたらいいですか?」

「どうすればぐっすり眠れますか？」
と聞かれることがよくある。

大人は身体の扱いに悩んでいる。

学校の授業では、身体の扱い方を学ぶものは体育しかない。私がみんなにアドバイスする内容も、そのベースは体育にある。体育で学べるはずのもので、大人がみんな悩んでいる。

体育にはもっと可能性があり、社会に求められているはずなのに、なぜかうまくいっていない。ではどうすればいいのか。素朴な疑問がこの本が誕生するきっかけだった。

＊＊＊

私の人生はスポーツと共にあった。９歳で陸上競技を始め、それから25年ずっと陸上競技をやり続けていた。オリンピックにも出場した。根っからのスポーツ人間だ。

一つ興味深い話をドイツの合宿中に聞いたことがある。

とあるグラウンドでペタンクというスポーツが行われていた。プレイをしていたのは数人のおじいちゃん、おばあちゃんだった。あまりに楽しそうにプレイをしているので「スポーツを楽しむコツは何ですか」と聞いてみた。その合宿はオリンピック前だったから、プレッシャーを感じて楽しめなくなっていたからかもしれない。

私の質問に対し、おじいちゃんは少し考えて「No training」と答えた。「スポーツはその瞬間を仲間と楽しむためのもので、だから練習をしてうまくなって競い合ったり、スポーツを通じて人間性を向上しようとしたりするとつまんなくなるだろう。意味がないからスポーツはいいんだよ。」そう言ったのだ。

それまで膨大な量のトレーニングを積み重ねてきて、まさにオリンピックで他者と競い合おうとしている私は、衝撃を受けた。

現代のスポーツは非常に高度なレベルで行われており、競い合おうと思えばトレーニングは欠かせない。幼少期からある程度の経験を積んでおく必要もある。

しかし、頂点を目指さないのであれば、たしかにトレーニングは必要ない。ボールをうまく扱えたほうがバスケットボールやサッカーなども楽しいだろうが、別にうまくなくてもそれなりに楽しむこともできる。山登りを趣味にしている人が、山登りのトレーニングをしないように、いきなり楽しめばいいだけだ。

引退した今はわかるが、スポーツが持っている最大の特徴は「無意味性」である。ただ楽しいから行う。それがスポーツの奥には潜んでいる。

しかし、体育はそうはいかない。やはり教育である以上何かを学ばなければならない。スポーツの無意味性をそのまま受け入れるわけにはいかない。

＊＊＊

では、体育は何のためにあるのだろうか。体育とスポーツの違いはなんだろうか。学習指導要領を見てもたくさんの目的が書かれており、一般人にはわかりづらい。生涯にわたりスポーツを楽しめるようにするために。生きる力を育むために。しかし、それだけだと逆上がりができるようになることと関連が見出せない。

体育とスポーツを分け、もう一度体育を捉え直してみたい。体育の可能性を改めて追求してみたい。それが本書の目的だ。今までと違う観点で体育を捉えるには、体育・スポーツ関係者だけではなく、もっと違う世界の人にも違う視点で体育を語ってもらおう。そうしてまったく違うジャンルの人も交えて、体育の話を聞いていった。

それぞれの方の語り口は斬新で、時に人間の本質に迫る話をしていただくこともあり、その度に目から鱗が落ちる思いだった。

ＡＩが社会に実装され始めた今、人間にしかできないことは何かが問われている。自分自身の過去の検索履歴や言葉を集めると「自分のように回答するＡＩ」が作れるのではないかと言われている。私自身、実際に今「為末ＡＩ」を作っている最中だ。

このような時代に、一体何を土台として生きていけばいいのか。その鍵が身体だ。身体がなければ私もない。身体の状態に私たちの気分は影響される。身体こそが私そのものではないか。その身体の扱い方を学ぶ体育が重要でないはずがない。

さあ、新しい体育の可能性を見てみよう。体育はあらゆることの土台になることができる。体育はこのままでは終わらない。体育の逆襲だ。

２０２３年12月

為末　大

目次

はじめに――為末 大 iii

1章 もしや、からだってなかなか面白い!?

自分のからだに考えを巡らす――伊藤亜紗(＊1) 2
からだが学ぶ、からだで学ぶ――齋藤 孝(＊2) 22
クリエイティブとからだ、佐藤可士和は行き来する――佐藤可士和(＊3) 40

2章 体育、そうだったのか。

「矛盾」がいろどる遊びの世界――松田恵示 58
からだを育てるファンダメンタルな体育――野井真吾 76
為末大と現場の先生の対話～体育の課題ってなんですか？～
――未来の体育共創サミット2023 94
体育から「みんな一緒」を手放そう――安藤寿康 112
子どもに運動を教えるって難しい！――三輪佳見 130
13歳からの「体育」思考!?――末永幸歩 148

3章
たかが体育、されど体育。
「マスク世代」の子どもに体育は何ができるか――明和政子 166
数学がいざなうプレイフルな時代の身体論――森田真生 186
体育の醍醐味は「不便益」にあり?!――川上浩司 204
初出 222
本書に登場したおもな書籍 224

写真／＊1＝菊池亮佑（Agence SHOT）　＊2＝大修館書店編集部　＊3＝三船貴光　上記以外＝田中朝彬（Agence SHOT）

1章

もしや、からだってなかなか面白い!?

自分のからだに 考えを巡らす

進行:高橋浩二(たかはし・こうじ)
長崎大学准教授

2022年5月25日収録

伊藤亜紗（いとう・あさ）

東京工業大学教授。東京工業大学科学技術創成研究院未来の人類研究センター長。美学者。

障害やアートを通して身体の不思議に迫り、『どもる体』（医学書院）、『手の倫理』（講談社選書メチエ）、『見えないスポーツ図鑑』（晶文社）など多数の著書を持つ。

体育にできることってなんだろう？

高橋　本日の進行を務める長崎大学の高橋です。連載の初回ということで、まずは為末さんからこの連載の趣旨をご説明いただけますか。

為末　現在の日本のスポーツ界には、「体育（という古典的なもの）からスポーツへ」としていこうとする雰囲気が強くあると感じていますが、僕は、その2つは別者なのではないかと考えています。じゃあ体育ってなんなんだろうと考えたときに、いろいろな定義があるみたいですが、僕は「自分を扱う技術や知識を学ぶ」学問なのではないかと思っています。一方のスポーツは、「身体と環境の間で遊ぶ」と定義しています。

伊藤　体育って、ちょっと悪者扱いでしたよね。軍隊式とか。でもそこに大事な要素が詰まっていたのかなとも思います。

為末　そうなんですよね。面倒くさいことも多かった。ただ、少し深く考えてみると、大人の悩みのほとんどは、「体育的な悩み」ではないかと思うんです。からだの悩みもそうだし、心の悩み、さらにはコミュニケーションの悩みにも、体育は回答できるんじゃないかな。そんなことを考えながら、体育のあり方をnote（*）

伊藤 で書いたところ、今回の連載のお話をいただきました。
現代はものすごく柔軟性が問われる時代で、どんどん転職したり、誰とでも上手にコミュニケーションがとれることが重視される時代です。一方で人間には、どうしても変われない部分があったり、うまくいかなくて悩んじゃったり、ぎゅっと内側に引きつけられちゃう部分がある。こうした悩みは、器用に、サーフィンをするように、軽やかに生きましょうといった現代の価値観からは取り残されがちです。

為末 自分をどんどん便利なものにしていく競争、みたいなところがありますよね。本当の自分はそれほど便利じゃないし、そんなにうまく扱えるものでもないのに。このように、「扱い難い自分」と「上手に扱うことを要請する社会」との間でねじれがあるとすれば、体育を通して、自分と社会を折り合わせていくことができればいいのではないかと思うんですよね。

できるほうが変!

高橋 為末さんから「自分を扱う」というキーワードを出していただきました。

伊藤 素晴らしい言葉だなと思います。似ているようだけど、「自分をコントロール

為末
伊藤

する」とはちょっと違う気がします。コントロールするというと、自分の日々の変化や衝動を消して、都合の良い便利な道具にしていくというようなイメージ。一方で「自分を扱う」は、思い通りにならなさも含めて、むしろそこに何か可能性があるかもしれない、それを手がかりに新しい世界が見えるかもしれない、そんな可能性も含んだ言葉のような気がします。

私の研究は、一言で言えば、からだは思い通りにならないということに関する研究です。視覚障害、聴覚障害などの障害のある方とお話をしていると、自分のからだを思い通りにならないものとして見ている。私自身も吃音があって、基本的にからだが思い通りになりません。

多くの人は五体満足でみんな同じだから気にしていないだけで、実際には直線的にできていないことがいっぱいあるかもしれません。

私が吃音のことを書いた『どもる体』という本の表紙に、「しゃべれるほうが変」と書いてあります。笑い話のようですが、私は本気でそう思っていて、絶対しゃべれるほうが変なんです。だって、こんなに複雑なことってないですよね。「タメスエ」だと、タの口からメの口、ス、エとスムーズに動きが移動しているわけです。吃音の人はそのスムーズな動きがうまくいかないので、「タ・タ・タ・タ・タメスエ」と探りながらになっちゃう。さらに会話だと、話しながら内容を考えたり、相手の表情をうかがったり、今日みたいにパーティションがあるとちょっといつもと違うなと思ったり。挙げればキリがないほどいろいろなレベルの調整をリアルタイムでかけながら、みんなしゃべっているんです。しゃべるというのは理性的な行為のように捉えられますが、じつはみんなあわあわしながら出たとこ勝負でしゃべっているんじゃないかなと思っていて。だから私は、しゃべれるほうが変、あたりまえにできていることの中にも不思議があると思っています。

為末　『プルーストとイカ』という本をご存知でしょうか。これには「読めるほうが変」ということが書かれていて、今のお話と同じように、よくよく説明されるとできているのが不思議だなと思うことは意外と多いかもしれませんね。

伊藤　『どもる体』の一番多い感想は、「この本を読んだらどもるようになりました」なんです。

どうやったら「できる」ようになる？

高橋　何かが「できる」ということの不思議さについて、お話を深めていければと思います。

伊藤　まずイメージができないと、その行為はできないわけですよね。たとえばハードルを跳ぶということにしても、やったことがなければどんな感覚なのかがわからないから跳べない。でも跳ばないといつまで経ってもその感覚をつかめない。そこに常にパラドクスがあります。意識とからだという単純な二元論でいうと、先生に「ハードルはこうやって跳ぶんだよ」と言葉で教えてもらった情報はとりあえず意識で受け止める。でも、それをからだで実行するとなったときに、なかなかうまくつなげられない。逆にからだが意識を追い超えるみたいなことがスポーツや体育にはたくさんあって、たとえば跳び箱を跳べてみてはじめてこういう感じなんだということがわかる。からだが先にいったことで発見をもたらしてくれる。これは他の教科では得られない「できる」なのではないかと思います。

為末　体育・スポーツには、段階を踏んでゴールに至る、という考えが根強くあります。ハードルだと、力強く跳ぶ、からだを前に倒す、リズムを速くするというふうに。でも実際には見よう見まねであぁじゃない、こうじゃないと前に進んだり戻ったり試しながら少しずつ学んでいく。その「探索」の中で繰り返しにやっているうちにできるようになることが多いのではないでしょうか。

伊藤　その「探索」というのはどういうふうに起こるのですか？　指導者の声かけ？

為末　そうですね。僕がハードルの指導をするとき、「地面を蹴りなさい」と言うんですけど、やらせてみると地面を叩きがちな子どももいれば、ドタドタ走る子もいる。そういう様子をみて、次のアドバイスは「今の地面の踏み方よりは、もうちょっとぬかるんだ地面を踏むように力強く踏んだほうがいいね」と。おそらく良い指導者・コーチはこんな感じで調整をかけて、選手の「探索」の伴走をしているのではないかと思います。

伊藤 選手の側にも「探索」のうまい／へたはありますよね。自分のフォームはこれだと最適解を1つに決めちゃったら、探索できなくなる。為末さんは選手として、どんなふうに探索されていたのですか？

為末 僕はやや探索が強かった気がします。最初はある形をまねしていくところからスタートしたのですが、だんだん自分のからだに意識が向いてきて、こういう力の入れ方をすると速く進むということが体感的にわかってくる。一方で、それだと新しいことは発見できないので、時々ここに力を入れるとどうなるかわからないけどやってみようという探索もあえてしていました。腕振りの大事さをわかるために腕を縛って走ったこともあります。直線的にイメージに向かうか、あれこれ探索するかは選手によって違いがあると思いますが、あまりにも探索幅が狭いと、伸び止まることが多かったと思います。

伊藤 元プロ野球選手の桑田真澄さんの研究をしたNTTコミュニケーション科学基

為末　礎研究所の脳科学者 柏野牧夫さんにお話を伺ったときに、桑田さんのフォームは、30球投げたらリリースポイントが14㎝ずれていたということを教えてもらいました。なかなか大きなずれに思えますが、柏野さんの解釈だと、桑田さんは、そのときのマウンドの状況など、まさに環境とからだの関係でどのフォームが一番いいのかをからだに「とかさせて（＝探索させて）」いるんだそうです。加えて、ご本人のピッチングに対する意識、感覚はかなりアバウトらしく、カーブの投げ方も、口でおっしゃっているのと実際やっているのは違うみたいなんです。

伊藤　だいぶ違うんですすよね。

為末　このことから言えるのは、選手によっては、必ずしも正確に自分のからだの状態を捉えるのが正解とは限らないということ。そして、正確さとはまた別の、自分のからだの使い方を試すといったことも重要なんだろうなということです。

既存の体育は、ねらったところに球を投げるためにこの順序で練習をして……とかっちり固めている印象があります。それは良いフォームで投げることには向いているかもしれないけれど、習得するプロセスで感じたことを違う分野、たとえば算数などの習得に活かせないような、領域限定の硬直感があります。

認識を変えると感じ方が変わる

為末　障害のある方たちのわざの習得のプロセスは、健常者とは異なるものなのですか？

伊藤　障害といっても先天性障害と中途障害ではだいぶ異なるので、ここでは中途の方の例をお話しします。中途障害の方は、経験値は健常者、からだは障害者。つまり経験値とからだがずれている。それをどういうふうにチューンナップするかということには、人それぞれいろいろな工夫があります。たとえばその人のそれまでの趣味で培った技術を、それこそ投球と算数みたいな全然違う分野でも転用できるようにしている。使えるものは上手に使い倒す感じです。
　神経に関わる難病をお持ちで、24時間365日痺れが消えない方のお話なんですが。

為末　その痺れは痛いんですか？

伊藤　「手足を切ってくれ！」と叫んでしまうような痛みです。その方は、自分の痛みをなかなか周りの人にわかってもらえない苦しさがありました。その方にはお子さんがいらっしゃって、あるとき万引きをするようになっちゃったんです。その子どもの姿を見て、父親である自分の病気、痛みを子どもなりに受け止め、違うかたちで苦しんでいるというのがわかったときに、痛みの感じ方が変わったんだそうです。たぶん、生理的には変わっていないけど、痛みが「分有」された感じがして、痺れの感じ方が変わっていった。この方は、物語的なレベルで痛みとの付き合い方を見つけた方ですが、物理的・生理的な工夫をしている方もいます。

　義足のダンサーとして有名な大前光市さんは、片足を切断しているものの、切断面に土踏まずがあるように感じるのだそうです。別の部位を土踏まずとして感じることができると、どこに体重をかけるかの調整ができ、かつてあった本物の土踏まずを踏みしめていたときの感じで義足を使えるようになると。

為末　いろいろな困難や不具合に出くわしたときに、過去の似たような出来事を掘り返して、こう認識を変えれば感じ方は変わるとか、現状が変わるんだっていう、柔軟さっていうんですかね。僕が考える「自分の扱い方」はまさにそれと近い感じがあります。

他者との関わりを学ぶ

為末　体育というと、個人のからだを単体として扱い、そのからだを鍛えたり巧みにしていくところに焦点が当たりやすい気がします。けれど実際は、個人だけでなく他者との関わりの巧みさも、体育に組み込んだほうがいいんじゃないかなと思うんです。

伊藤　障害があるということは、自分1人で行動を完結できないということ。そういう意味では、障害のある方は人の力を使うプロだと言えます。人をいかに巻き込むかを常に考え実践されている方が多いので、そこから学ぶことは多いと思います。

高橋　前に高橋先生にお会いしたときに、「体育は、失礼ではない仕方で人のからだにふれる方法を学ぶ教科であるべきだ」とおっしゃっていて、感銘を受けました。このことは『手の倫理』という本の中でも触れています。

伊藤　ありがとうございます。為末さんがおっしゃるように、体育は他者との関わりやふれるといったことを学べる教科で、そういう状況を意図的につくって実践していく必要があると考えています。

最近「信頼」についてよく考えます。「信頼」と「安心」は似ているようで違うという議論がありますが、「安心」は自分と関わる人の不確実要素を消していくこと。一方で「信頼」は、この人は自分とは違う人間なんだからいろいろわからないけど任せてみようといったように手を離すことです。だから「安心」を追

為末　求すると人を管理する方向、「信頼」だと任せる方向に向かいます。

伊藤　なるほど。

為末　ボールを投げた瞬間に、あの人なら捕ってくれるだろうと思うのは、じつはものすごく信頼していないとできません。逆に向こうが投げてくれたボールを自分が捕れるとすごく嬉しい気持ちになる。それは、信頼して投げてくれたんだなと思えるから。こういう、人を信じて任せるといったことが体育では経験できるのではないかと思います。

　一方でスポーツの現場では、信頼していないというのもまた如実に出ますよね。それこそ、パスをしないとか。

高橋　体育にも「できた／できない」問題がありますよね。学習指導要領上は、やっぱりできるようにならないとダメなんですかね。

為末　現在の学習指導要領では、「知識及び技能」「思考力、判断力、表現力等」「学びに向かう力、人間性等」という3要素で内容が示されていて、「できた／できない」に関わるのは「知識及び技能」の部分であり、3要素の1つという位置づけです。しかし、「できた／できない」で判断されてしまう実態はあります。

　できないことを頑張ってやってできるようになる成功体験を与えたいと思っている人がいる一方で、やってもできないことをやらされて非常に傷ついた人たちもいて。どんなふうに設計するとみんなが良いと思えるんですかね。障害のある方の場合、このあたりの折り合いはどうつけているのですか？

伊藤　障害のある方は、うまく自分の課題を設定されていますね。ダンスの授業のときに、その方は、両脚の長さが違ったり胸が湾曲していたりして、みんなと同じポーズがとれない。じゃあ自分はどうすればいいだろうかと、自分の課題を設定して取り組んでいる。非常にクリエイティブな行為で、障害の有無に関係なく、そういうことができるといいなと思います。

為末　自分で課題を設定して自分でクリアする、本当はそれが一番ですよね。

伊藤　本に書いたことがあるのですが、脳性まひの方とダンサーの方と、2ｍぐらいの木の棒を使ってコミュニケーションをするワークショップをしたことがありました。脳性まひの方はあまり手が動かせないので手の甲で、ダンサーの方は手のひらで、つっかえ棒のようにしながら押し合う。「くっくっくっくっく」みたいな感じで触覚的なコミュニケーションをしているうちに、お互いの人物像がどんどん変わっていくんですね。たとえば棒を4押したときに6返ってくるタイプの人と2返ってくるタイプの人がいる。感覚として、この人は硬いなとか柔らかいなと感じることができるんです。しかもそれは相手ありきのところがあって、この人となら6いきたくなるけど、この人なら3だな、というように、その場でいろいろな人間関係ができていくんです。

伊藤　本質的に他者を理解している感じがしますね。

為末　からだを使いつつ、「できる／できない」の優劣をつけるのとは違う技術を高める、そういう体育もあるのかなと思います。

他者との同調

高橋　一緒に走っているときにも他者の理解のようなことが起きる可能性がありそうですが。

為末　「引き込み」といって、一緒に走っている選手に「同調」するということが科学的にも確認されています。代表的なところでは、オリンピックの100m決勝でウサイン・ボルト選手にタイソン・ゲイ選手が引き込まれています。

伊藤　へぇ。

為末　僕は引き込みされるのが強いほうでした。400mハードルでスタートから飛ばす戦い方をしていたんですけど、それは人の後ろを走っていると、前の人の走りに同調しすぎちゃうからなんですよ。引き込まれることで速くなる人もいれば、引き込まれることでリズムが崩れて遅くなる人もいるし、そもそも引き込まれにくい人もいる。それで経験の中からだんだん好きなポジションが決まってくるんじゃないかと思っています。一方で、みんなで一緒に走っていて完全に同調したときには、かなりの心地良さもあるんですよね。

伊藤 競争している相手と一体感がうまれるということ？

為末 はい。競争しているからといって共感を止められない、みたいな。

伊藤 それはトップレベルの選手だから起きるのですか？

為末 いやいや。僕の場合は子どもの頃の運動会のときからなので。いつか消滅すると思っていましたが、結局この感覚は最後までなくならなかったですね。

伊藤 自覚できるわけですよね、選手自身が。

為末 はい。だから訓練して相手を見ないようにするんですけど、それでも集中してある域まで達すると、どうしても引き込まれちゃう人はいますね。

伊藤 じつは吃音も、なぜか自分が言えない単語を目の前の人が言ってくれるとスムーズに言えたりするんですよ。そういうリズムとか、不思議な力がありますね。

「感覚」からはじめるトレーニング

為末 体育やスポーツにおけるトレーニングを別の新しいかたちにできないかなとい

伊藤　うことを思っているんですが、何か良いアイデアはありませんか。

　手前味噌になってしまうのですが『見えないスポーツ図鑑』という本で書いた「翻訳したスポーツ」は——もともとは視覚障害の方と一緒にスポーツを観戦できるようにという目的で開発をしたものなのですが——初心者の人がトレーニングをするときにも使えるものになっているのではないかと思います。

　もしよかったら一緒にやっていただけますか。


〔HとUのオブジェを取り出し、Hを伊藤先生、Uを為末が持って互いに引っかける〕

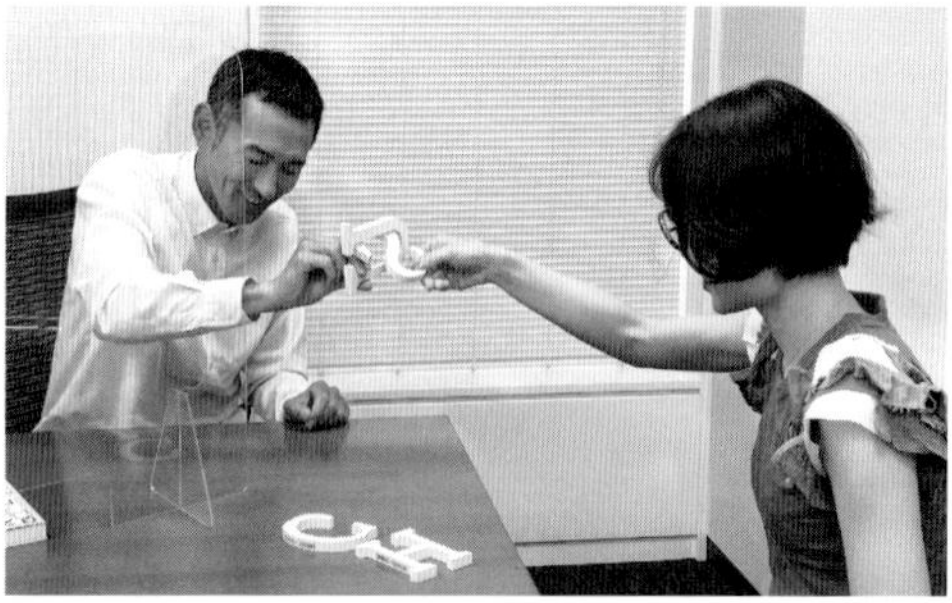

オブジェを使ったフェンシングの「翻訳」

伊藤　これ、フェンシングを翻訳したものなんですけど、フェンシングの選手にやってもらっても似ていると言ってもらえました。まずは目をつぶって、私は抜かれないように、為末さんは抜くようにしてください。

〔実際にやってみる〕

為末　おっ！　抜けた。

伊藤　次は逆、私が抜きます。

為末　あっ！　抜かれた。

伊藤　こんな感じにフェンシングを翻訳すると、実際にやったことがない人でもフェンシングの感覚を味わえるんです。本の中では他にもいくつかの種目を紹介しているのですが、こうした翻訳作業をやってみて思ったのは、上手になればわかるその種目の醍醐味みたいなものが、同じとまでは言えないにしても、ざっくりとなら初心者でも味わうことができる。その種目をやろうとしたときに、感覚的な目指す方向がわかっているのと、ただただ言われるままに努力するのとではずいぶん異なるのではないかと思います。

為末　一般的なスポーツのトレーニングは、実際にどう使うかがまだわからない段階で反復をさせてわざを習得していくことが多いです。役に立つかどうかはわからなくてもいいから今やっておけというように。でもこれは、種目の醍醐味を凝縮して選手が味わっている感覚を初心者でも味わえる、そんなイメージですかね。面白いですね。

この間あるラジオ番組で、――これ体育あるあるかもしれませんが――陸上のクラウチングスタート、あんなこと人生で使わないでしょって言われて。たしかにそうなんだけど、でも、スタートダッシュは、掃除の時間にほうきを手のひらの上に乗せて倒れそうになったら自分が前に進んでバランスを保つみたいに、走ることで傾きのバランスを維持する技術なんです。もうちょっと抽象度を上げてその感覚から入ることをやったら意味が変わってくるかもしれないですね。

伊藤　一流の選手が感じていることは、視覚的には伝わりきらないんですよね。それを知ることができるだけでじつはすごく面白いのに。自分のからだでは体験できないけど、そういう世界があるということを知るのも、体育なのではないかと思います。速く走れるってどういう感じなのか、ほとんどの人が知らないわけですから、それを知ることも立派なからだの勉強。

高橋　今の伊藤先生のお話は、本連載を貫く「問い」の1つになるかもしれないですね。

伊藤　からだを持っていない人はいないので、みんなが当事者。クラウチングスタートみたいに一見役に立たないように見えることも、からだにそんな可能性があると思えるだけで、他人事とは思えない。私もそのからだを持っていて、たしかに私にはできないけれど、このからだというものにそんなポテンシャルが秘められているのだなということを知ることは、なんというか、すごく勇気づけられる気がします。「からだ、そんなこともできるのか！」って教えられる感じ。

為末　落ち着こうとしたときに落ち着けと思うより重心を下げたほうがいいといったように、からだから入るアプローチっていうのかな、そういうものもあっていいと思います。「将来役に立つ」ことばかりやるのも面白くなくなっちゃいますからね。そういう意味では、役に立つかなんてわからないけど面白がれることが大切なのかなと思います。

高橋　話は尽きませんがここまでにしたいと思います。本日はありがとうございました。

＊体育をアップデートする（２０２２年３月30日）
https://note.com/daitamesue/n/n88367a9a8e5e

からだが学ぶ、
からだで学ぶ

2022年6月2日オンライン収録

齋藤 孝（さいとう・たかし）

1960年生まれ。明治大学教授。

専門は教育学、身体論、コミュニケーション論。著書に『声に出して読みたい日本語』シリーズ（草思社）、『呼吸入門』（角川文庫）、『教育力』（岩波書店）、『人生が面白くなる学びのわざ』（NHK出版）など多数。メディアなどにも多く出演し、幅広く活躍する。

静かな身体技法を学ぶ

為末　体育の授業が好きでない、好きでなかった方もいると思いますが、体育は、掘り下げてみると本当はもっと深くてもっと楽しい世界なのではないかと思っています。
　本日は、教育学を専門とされ、多数のご著書やメディアへのご出演のある齋藤孝先生と、体育をより楽しく良いものにしていくことができないかということを考えたいと思っています。

齋藤　よろしくお願いします。私は、大学では教員養成をしています。声に出して読む、呼吸法を習得して集中力をつける、などといったからだを基盤にした教育方法に長年取り組んできました。

為末　呼吸法に興味を持たれたのはどういったきっかけで？

齋藤　高校時代、テニス部に入っていたのですが、呼吸でメンタルを整えるということをやっていました。息をゆっくり吐き、脈拍を下げることで、重要な局面でも落ち着いてプレーすることができるからです。それに加え、勉強をするときにも、集中力が高まる呼吸法があると感じていました。

為末　僕は陸上競技をしていましたが、同じように、「どんなときに手が熱くなるのか」「どうしたら呼吸が整うのか」という、いわゆる自分の扱い方をよく考えていました。スポーツの世界では、自分を扱えることはおおいに有効だと思います。

齋藤　体育の授業でも、自分のからだと向き合って心身を整える静かな身体技法が行われるといいですよね。

為末　体育に対して「こういうところが変わったらいいのに」と思われる点はありますか？

齋藤　「運動神経で決まらない部分」をある程度用意しておくことが必要だと思います。

今の体育は、運動神経のよくない子にとっては、地獄とまでは言いませんけど、厳しいものがありますよね。他の教科は、やった子はできるようになり、やらない子はできるようにならないというふうに、努力が結果に結びつきますが、体育は、比較的素質の差が出やすい教科だと感じます。

為末　僕も振り返ってみると、球技、特にバスケットボールが苦手でその時期になると嫌な気分になっていました。だから、あの感じを毎回の授業で味わうとなると、そりゃ体育嫌いになるなと思っていて、それが私なりの「体育嫌い」について理解を進めるための入口です。

齋藤　僕は体育が好きでしたけど、よく考えてみると、僕が好きだと思っていたあれは「運動」だったのではないかと思います。もちろんそれも大事な要素ですけれど、学校を出て社会で生活していくことを考えると、からだとの向き合い方や呼吸法のような、より根底的な技術を学ぶことのほうが、大事ではないかと思います。

長年、ヨガを学校教育に取り入れることができないかと考えてきました。ヨガは、呼吸とポーズ（姿勢）を組み合わせることで心とからだが緩み、精神的な安定がもたらされるものです。現在は社会人を中心に人気が高まり、広がっていますが、本来は学校教育で当たり前のように習得されるべきものではないかと思っています。

為末　僕はちょっと落ち着きのない子どもだったので、授業でヨガをするとなると、うろちょろしてしまいそうです（笑）。

齋藤　むしろ、うろちょろしがちな子どもにいいのではないかと思っています。うろちょろする子も、「じっとしていられそうなポーズはどれかな？」というふうに遊ぶことは嫌いではないと思うんです。たとえば「海にぷかぷか浮いているつもりで大の字になってみよう」と言うと、「水の上？浮く？」と想像力を働かせることを面白がってくれるかもしれません。

言葉とからだの意外な関係

為末　僕は小学生のとき、読書部に入っていたんですが、読書感想文を「しゃべりながら書く」クセがありました。そのクセは今も健在で、メールを書いていると、僕のそばにいる人にはその内容がだいたいわかってしまいます。
　このクセについて自分なりに考えてみると、僕には「しゃべるときのリズムや抑揚のままに文章を書くような身体感覚」があるのではないかと。言葉に出したときのリズムが良くて内容が入ってきやすい文章というのがあると思いますが、それの裏返しのようなイメージです。

齋藤　言葉は元来、書き言葉ではなく話し言葉であり、書き言葉になったのはごく最近です。
　日本語には長い歴史がありますが、中国から漢字が入ってきて、ひらがな、カタカナを含めた3種類が定着するまでは文字を持たなかった。そう考えると――日本語に限りませんが――言葉は元来肉体から発せられたものだったわけです。「うた」というのも、「神様に訴える」というのが大元で、「うた」の語源は「うったう」だという説もあるくらい。たとえば「雨乞い」は、うたで神様に訴えることですよね。

今は誰かが作詞・作曲したうたを歌う人が多いですが、元来は、自分の言葉を自分のリズムで歌い上げていた。つまり言葉が、リズムあるものとして当然からだとセットであるということ。それがだんだん話し言葉と書き言葉に分かれてきて文字中心になったことで「読んだり書いたりするときにはからだは無関係」と思い込んでしまった。

「素読世代」——素読とはひたすら声に出してからだごと読むことですが——という、夏目漱石や森鷗外など明治初期に活躍した人たちには、素読の習慣がありました。したがって、彼らにとっては声に出して暗唱することが当たり前なので、書くときにもそれが出てきてしまう。福沢諭吉の『学問のすすめ』は、声に出して書いているんだろうなというリズムがすごく出ている。夏目漱石の『坊っちゃん』も非常にリズムがいい。江戸っ子の文体というのかな、ちょっと落語っぽいんですよね。

古井由吉さんという小説家が「漱石の文体を音読すると自分の小説が書きやすくなる」とおっしゃっていますが、優れた作家の文体をからだごと読み上げることで、自分が書くときに自然にリズムが出てきて書きやすくなるんだと思います。

なので、為末さんの「しゃべりながら書く」というのは、いいやり方だと思いますよ。

為末　からだのリズムが話し言葉や書き言葉に影響するなら、逆に「からだのリズムを良くする言葉」というのがあるのではないかと考えています。

スポーツ界ではオノマトペを使うことが多いですが、一番有名なのは長嶋茂雄さんの「ビュンときてガンと打つ」でしょうか。ハードルでも――ハードル間は4歩なんですけど――うまくなってくると「タンタンタンタン」ではなく「タタンタタン」というリズムになります。このリズムがドリフターズの「生麦生米生卵」のときの「ダダッダダン、ダダッダダン、ダダッダダダダッダダッダーン」という音楽にすごく似ているので、その音楽を流しながら選手と練習していくと「こういう感じか」とわかったりします。

齋藤　私は長年ＮＨＫの『にほんごであそぼ』という番組に携わっていますが、制作側の方との共通の思いとしてあったのは、「からだのリズムと言葉のリズムが合わさって楽しくなるような番組にしたい」ということでした。その中で面白かったのが宮沢賢治のオノマトペ。『風の又三郎』の「どっどどどどうどどどうどどどう」も、『ゆきわたり』の「キックキック、トントン」も、何かしらの動きにフィットすると思います。なので、オノマトペを挙げて、たとえば「『どっどど……どどう』はどんな動きにはまるだろう?」と子どもたちに考えてもらうと、いろいろな動きが出てくるのではないかと思います。

為末　面白そうですね。

齋藤　子どもたちがオノマトペで自由に遊べるといいですが、難しければ、「この動きに合う言葉はなんだろう?」「どんな言葉だと自分が動きやすいかな?」という声かけから始めてみてもいいと思います。

からだが言葉を導き出す

為末　僕の息子（7歳）は韻を踏む言葉にすごく敏感なのですが、からだを動かさないと言えないのかなと思うくらい、からだを動かしながら言うんです。韻を踏むってすごく身体的ですよね。

齋藤　それに近い話で、イタリア映画を観ていると、身振り手振りを激しくしないと言葉が出ないのかなと思えるほど動きが激しい。イタリアに留学していた知人に言わせると、「手を縛ったら言葉が出ないのでは」というくらい。

日本語は、比較的からだを動かさずに話す人が多い言語のようですが、とはいえ、自分の内側から出てくる感じを言葉にしたい場合は少し身振りを入れるほうが言葉が強く出て、表現力が高まると思うんです。日本人はスピーチがあまり上手でないとよく言われますが、それを克服するためにも、リズム良くからだを動かして、言葉がどんどん出てくるように訓練してみるといいかもしれません。

為末　認知学の実験では、手が自由な状態のグループと手が縛られているグループに分けて「ラジオ体操の順番を初めから思い出す」というお題を出すと、後者のグループのほうが回答率が低いという結果が出ています。人間は何かを思い出すときにからだを使うことが必要なようで、先程のイタリア人の話に通じる部分があるなと思いました。

齋藤　手を動かすことで言葉を導き出すということですね。

為末　まさに。齋藤先生がおっしゃっていた「呼吸をコントロールすることで感情や冷静さがついてくる」ことに近いと思っていて、要するにからだが先行するということですよね。

身体経験を置き換える

為末　スポーツ選手には、自分の動きを言葉で表現するのが得意な選手とそうでない選手がいます。からだのイメージを言語化することが得意か不得意かというのには何が影響しているんだろう、と気になっています。

齋藤　「こうやりたい」というイメージを持って、そのイメージとからだが連動するように反復練習をしていくと、あとは脳内でイメージしたことをからだで再生する（意識しなくても自然にからだが動く）だけという状態になるので、ミスが起こりにくいと思います。これは非常に面白い体験ですよね。

為末　そういう段階に連れていくために、コーチは言語的にリードしていこうとしますが、うまくはまるときとはまらないときがあります。

僕が小学生にハードルを教えるとき、最初は良かれと思って「地面は親指の付け根で踏むんだよ」「肘は90度ね」と正確にアドバイスをするんですが、僕が言えば言うほど子どもたちはこんがらがって転んでしまうんです。じゃあどういう表現ならいいんだろうといろいろ試して集約していった結果、「ハードルの上に襖があるから、その襖を蹴破るように跳んでごらん」と言うと、ねらいたい動きに一番近くなりました。

齋藤　「襖を蹴破る」というのは面白い表現ですね。

為末　発泡スチロールだと軽すぎて足だけで蹴ろうとしてしまうけど、少し重たいものにするとからだごといく意識になるみたいで、襖が一番しっくりきたようです。最近は「襖って何ですか？」という子もいますが（笑）。

齋藤　別のものに置き換えてみるということですね。ハードルを跳ぶのではなくて

為末　「○○の感じでやってみてね」と、それまでに経験のあることを踏まえて他の領域にいく。そういう指導は、感覚として「今までにあるものの変換でいいんだ」という安心感を子どもに与えると思います。「これくらいの水たまりを飛び越えると思ってね」と言うと、水たまりを飛び越えた経験がある子は「ああ、そのくらいの感じね」となりますよね。

僕も年齢的にデモンストレーションが厳しくなってきて、動きを引き出すときには言葉しか武器がない。でも、いい言葉を見つけるということがコーチングの一番面白いところでもあります。

齋藤　一方で、置き換えるための大元の経験（身体感覚）があまりにも少ないと、伝わらないということが起きるかもしれないですね。そう考えると、様々な身体経験をしておくことが大事です。

以前『ガンダム』シリーズ作者の富野由悠季さんと対談した際に、「今のアニメーションをやりたいという人は身体感覚が少ないので、アニメを見てアニメの表現でアニメを描こうとするけど、それじゃだめ。アニメをつくるときには自分の身体感覚を元にしないとだめなんだ」とおっしゃっていたのが印象的です。

基本的な身体経験をみんなが持っていると、「竹馬のあの感覚だよね」などと共有できるので、学校には身体感覚を育てるような遊び道具がたくさんあるといいですよね。

身体経験で語感が生きる

為末　身体感覚と言葉ということで、もう1つ僕なりの仮説があり、「身体感覚と言葉の選び方は関係しているのではないか」と考えています。

たとえばプロジェクトを途中で諦めるとき、「プロジェクトを投げる」と言うのか「プロジェクトを放り投げる」と言うのか。「投げる」はちょっとぷいっと向いた感じがしますが、「放り投げる」は全部をえいっと両手で持って投げる感じで、投げるものの重さが違うような気がします。このような、話したり書いたりするときの表現は、「過去にどれくらい細かい粒度でいろいろな身体経験をしているか」によって変わってくるのではないかと考えています。

齋藤　ワードセンスとからだの感覚は関係していると思いますね。

おっしゃるように、プロジェクトを「投げる」と「放り投げる」は違います。

さらに言えば、「投げつける」と言ったらすごく嫌な感じがしますし、あるいは「ぶん投げる」と言ったらかなり強く投げる様子であって普通の「投げる」ではないですよね。こんなふうに、語感で感覚的な違いがなんとなくわかると同時に、からだの動きの違いとしてもわかりますね。したがって、動きをやりながらそれを口で言ってみると面白いのではないかと思います。

為末　他にも、プロジェクト案を「立てる」という言い方もあれば「練る」という言い方もありますが、「練る」のほうがすごく粘りのある感じがする。「いろいろなアイデアが出ては消え出ては消え、を繰り返して練り上げたプロジェクト」というニュアンスが出る。でもそれは、「練る」という行動をしたことがあるからこそ感じること。元となる基礎単語（の経験）があるからこそ、「プロジェクト案をしっかり練ってみて」と言われたときに、語感が生きているという感じがするんです。こう考えると、「練る」のような基礎的な動詞をからだの感覚とセットにするというのは、すごくいい感じがしますね。

そのあたりも含めて、体育で柔軟に取り組めるといいですね。

体育で心を整える

齋藤　意識とからだの関係性を学ぶということも大事だと思います。意識がからだに対して「こうしろ」と言えば言うほどうまくいかないケースってありますよね。

為末　ありますね。

齋藤　そういうケースへの対処を考える際、テニスのコーチであるティモシー・ガルウェイさんの「インナーゲーム」に関する本に書かれていたことが参考になると思います。
　いろいろな理論を教えられてそれをからだに実行させようとすると、失敗したときに「何をやっているんだ」と罵声を浴びせかける内なる自分がいる。この叱りつける自分がいるために、からだの自然な動きができない。でも、ボールがバウンドしたときに「バウンス」、当たる瞬間に「ヒット」というふうに、その動作（を表す単語）を声に出して言うように指導すると、うるさく命令する内なる自分が消えるというのです。これはつまり、タイミング良く声を出すのに集中することで、自分のからだの動きを押し留めてしまっているような意識の働きをストップさせたということだと思います。

為末　意識とからだに関連して、「メンタルヘルス」も体育で学べることの1つではないかと考えています。というのも、精神面の健康を保つためのアプローチも、からだのほうからできるのではないかと。

齋藤　マインドフルネスという瞑想法がありますが、そのポイントは、今に集中すること。悩みのほとんどは後悔と不安からきているので、今している呼吸に集中することによって、それらから解放されてメンタルが整います。

為末　おっしゃるとおりです。スポーツ選手の懸念要素はいつだって他人の目と過去と未来ですから。

齋藤　プロ野球選手の場合も「ああ、今のボール、打てばよかったな」と思っているうちに次のボールがきてしまうので、どんな結果であれ、ちゃんと次の球に集中しないといけないわけです。

為末　何かに夢中になったり没頭したりすることがメンタルヘルスの面からも良かったなと経験的に感じます。僕にとっての「何か」は陸上でしたが、体育の授業でもそういった経験ができるといいなと思います。

齋藤　「今に集中する」「目の前のパフォーマンスに全力を発揮する」という訓練を、体育で行うのは非常にいいと思います。

為末　ある学習塾で保護者向けに講演をしたことがあるんですが、おもな質問は３つでした。「スランプのときにどうすればいいか」「モチベーションはどう維持すればいいか」「試験のときにどうすればいいか」。

僕はこれらについても陸上から学んだので、自分のコントロールの仕方というのが、学校教育、中でも体育で学ぶこととして求められていると感じました。

齋藤　今の若い人は「自分はメンタルが弱い」と思っている人が多い。一方で、プレッシャーがかかったときに慌てたり緊張し過ぎたりしてしまうことに対しては、

為末　誰でもある程度の慣れが必要だと思います。実際、学生に、何十人の前で話す、コントをするなどの練習をしてもらうと、「恥ずかしい気持ちがなくなった」という反応が返ってくる。恥ずかしい気持ちは、割と簡単になくなるものなんです。

マイケル・ジョーダンのような一流選手は、試合の残り3秒で必ずと言っていいほどボールが回ってきますが、そういった状況に対処するメンタルの強さは、バスケットボールに限らず日常生活でも活きているはず。そう考えると、体育の授業で、過度にならない程度にちょっと楽しくプレッシャーのかかる場面を経験するのもいいかもしれません。

人によって感じるプレッシャー（負荷）は違うから、その人なりの難しさにチャレンジするという感じですかね。

齋藤　そうですね。「じゃあ、準備ができたところでみんなの前でやってもらいましょう」というくらいの負荷で、まずは十分だと思います。

このとき大事なのが、周囲の雰囲気。失敗しても「ナイストライ」と言える、「とにかくトライする人間が偉いんだ、失敗できるぐらいのトライをしているから」という共通認識を持ちたいですね。

為末　本日はありがとうございました。

クリエイティブとからだ、佐藤可士和は行き来する

2022年10月7日収録

佐藤可士和（さとう・かしわ）

1965年生まれ。クリエイティブディレクター。

ブランド戦略のトータルプロデューサーとして、クリエイティブスタジオ「SAMURAI」を率いる。主な仕事にユニクロ、セブンイレブンジャパンなど多数。2021年に開催された「佐藤可士和展」には、累計15万人以上が訪れた。

クリエイティブにみる身体性

為末　本日は、クリエイティブディレクターの佐藤可士和さんにお越しいただきました。初めてお会いしますが、体育の専門家でない可士和さんとどのようなお話ができるのか楽しみです。

佐藤　仕事柄、からだをどう扱うかという身体感覚論のようなものにはすごく興味を持っています。

為末　そうなんですね。まずは可士和さんのお仕事について少し伺いたいです。

佐藤　企業のブランド戦略などのディレクションを行っています。クライアントに対して、どうしたら顧客や社会とうまくコミュニケーションがとれるかを提案しています。その手段としてロゴのデザインや建築、映像制作などに取り組んでいるので、物をつくっているというよりコミュニケーションをデザインしているというほうがしっくりきますね。

為末　その中で身体感覚を大事にされている。

佐藤　クリエイターとしては、アウトプットのためにそれ相応のインプットが必要。同じものを見て聞いてどれだけの情報を得られるか、つまり知覚・身体感覚のス

為末　キャナーの解像度がどれくらい高いかが特に重要です。そう考えると、クリエイティブディレクターという仕事は、非常に身体的じゃないかと。初めてクライアントを訪れるときは、何からのインプットを一番大事にしていますか？

佐藤　すべてですね。オフィスを訪れれば、そのクライアントの関心がどこにあるか、何を重視しているかが一目瞭然。たとえば役員室があるのか、あるとすればどこにあるのか、といったところからも組織のつくりが見える。空間やそこにいる人を見ればその企業の考え方がわかってくるのです。

為末　面白いですね。

佐藤　僕の中では、自分のからだやその変化を感じ取ることも、クリエイティブに直結しています。

為末　というと？

佐藤　日頃スノーボードやトレーニングなどをしていると、そこでの身体感覚が自分の考え方やデザインにどんどん落ちてくる感じがあります。
たとえばトレーニングを始めた頃は「右の内腹斜筋が使えていませんよ」と言われても、そもそも使えていないことに気づいていないから、どういうことかさっぱりわからなくて。でもトレーニングを継続していくと、筋肉を使うということが少しずつわかるようになって、結果的に、自分のからだなのに意識できていない部分があることに気づいた。その気づきから、企業をからだと捉える発想が出てきて、使えていないリソースが多いなとか、組織が連動していないなという感覚でピンとくることが増えていきました。

為末　からだの動かし方はその人が生きていく中で長い時間をかけてかたどられますが、その人ならではの動作を続けていると、からだに歪みが生まれて痛みが出ることがある。そうすると必要に応じて動きを変えますよね。からだに対するこのような「立て直し」も、通じる部分がありますか？

佐藤　僕の仕事では、「流れを変える」ことに通じると思います。

たとえば企業にとって「商品が知られていない」ことが課題であれば社会や顧客とのコミュニケーション不足。あるいは「自分たちは良い商品だと思っているのに売れない」のであれば、商品の良さが伝わっていないのか、そもそも商品自体に問題があるのかを考える必要がある。どちらにしても認知、理解されていないことに違いはありませんが、思いはあるのにうまく伝えられていない状況を、デザインの力を使って、コミュニケーションの流れを変える。そうすると一気に認知や売上が伸びたりするようになります。

為末　それはすごい。

佐藤　相手の力の行き先を少し変えるだけでいいところに転がることもあれば、様々な要素を効果的に組み合わせて大きなムーブメントを起こすこともあります。合気道のような感覚です。

為末　なるほど。可士和さんの仕事の根底には、クライアントをからだで捉える、いわゆるアナロジー的な思考があるんですね。
　それでいくと陸上１００ｍの金メダリストを輩出したジョン・スミスコーチは、短身者のスタートの加速をいつも考えていて、参考にしていたのが長野オリンピックスピードスケート金メダリストの清水宏保さんだったそうです。
　これはスポーツの領域内での話ですが、異なる領域の当たり前を持ってきて自分たちの当たり前を改善するって大事なこと。いろいろなものを見ていろいろな文脈を持っていると、そういう発想も生まれやすい。

佐藤　一見関係ないことを、筋肉の連動のように、自分の領域に取り込む。「アート思考」とも言われたりしますけど、アートは特にそういう「価値の転換」を主眼としているので、たくさんのヒントが詰まっていると思う。

重心をとる難しさと面白さ

為末　ところで「重心」という言葉ってどう捉えていますか？　というのもスポーツの世界では「真ん中」をとることが大事だと言われています。たとえばからだが片方に傾いていると、姿勢を保つために反対側の筋肉を使う必要があり、常に力んだ状態になる。逆に本当に真ん中がとれると、全体がいい意味で脱力できます。でも、自分の真ん中を見つけるのってすごく大変で。クライアントをからだで捉える可士和さんがどんなふうに思われるのか気になります。

佐藤　「重心」という言葉ではイメージしていませんでしたが、バランスはものすごく気にしています。あとは考え方の軸や信念。

抽象的な概念を扱う僕の仕事においては、何を目指して何のためにやっているのかがぶれると方向を見失ってしまうので、まずはクライアントの軸を整えることが重要です。ミッションやビジョン、最近ではパーパスと言われたりもしますが、概念を整理することで中心軸をつくっていく。

サーフィンって波が常に変化するじゃないですか。その上で重心をとるのって

為末 すごく難しい。企業などのブランディングでは、時代がすごい速さで動いている中でもぶれない体幹をつくるみたいな感覚があります。
可士和さんが思う軸と、クライアント自身が思う軸がずれている場合もありますか？

佐藤 ずれている場合が多いです。
自身の体験でも自分ではまっすぐ立っているつもりでも歪んでいて、トレーナーさんに言われてスパッと腑に落ちる瞬間がある。だからクライアントには、デザインの力で、言葉やビジュアルを通して、こっちが重心ですと伝えられるように努めています。

為末 特に印象的な案件はありますか。

佐藤 たとえば「今治タオル」。当初、今治の方たちは自分たちの強みを「織りの技術」だと認識していましたが、僕は、グローバルな視点で見ると「安心・安全・高品質」をコンセプトとし、海外の安価なタオルに対抗するなら「真っ白なタオルで勝負しましょう」と提案した。「安心・安全・高品質は当たり前では？」という意見も出ましたが、それを当たり前にできるのが世界から見たら素晴らしいこと。見方や視点を変えると、全然違う部分に軸を見出せる。

為末 特徴をどう認識するかはスポーツにも通じる気がします。

たとえば走る速さは足の回転数と歩幅で決まりますが、僕の場合、歩幅は大きいけど回転数がどうしても出なくて、１００ｍの記録が伸びなくなった。それもあって４００ｍハードルに転向したんです。実際、ハードル走は歩数が少なくなる（＝歩幅が大きい）ほどタイムが縮まる傾向にあるので、１００ｍでは「歩幅はあるけど回転数が出ない」という弱みだった僕の特徴が、４００ｍハードルでは「回転数は出ないけど歩幅はある」という強みになった。そういう原体験があるので、長所や短所は紙一重だということには実感があります。

佐藤　ブランディングでは、長所と短所のどちらを意識しますか？

ニュートラルな状態が丸だとしたら、クライアントのほとんどは凸凹な状態で依頼をくださいます。ここからはあくまで僕の経験論ですが、マイナスを埋めても普通の丸にしかならないので、プラスの部分をさらにビヨーンと伸ばすほうが、社会の中での存在感を戦略的につくり出すうえでは重要。長所を伸ばし特徴が見えるほうが絶対にいいと思います。

可士和的体育のすすめ

為末　もし、体育をブランディングするとしたら？

佐藤　スポーツをする楽しさだけでなく、見る楽しさをもっと教えてほしい。それは音楽や美術にも言えることですが。

おそらく為末さんは「動けてしまう子ども」、僕は「絵が描けてしまう子ども」で、小さい頃から考えたことを自分の思うようにからだや絵で表現できたと思いますが、当然そうでない子どもたちもいる。だから全員が線を上手に描ける必要はなくて、マルセル・デュシャンの『泉』(便器をモチーフにし、アート作品の見方や考え方に一石を投じたと言われる作品)の話とか、美術って何なのか、なぜ面白いのかについて考えられたら面白いと思います。

為末　それはいいですね。上手にできなくても前向きな印象を持てるかもしれない。からだが思うように動いた楽しさや、からだの動かし方を知る、変えることで気持ちよさを感じる体験があれば、僕ももっと体育が好きになっていたかなと思うんです。

佐藤　僕自身、この道で生きるという大きな決心ができたのは、絵を描くことが、他の勉強とは丸きり違う次元で楽しかったから。だから運動って楽しいな、気持ちいいなと感じられたら、する、続けるきっかけになると思います。

集中と俯瞰をただよう

佐藤　「楽しい、面白い」というキーワードは大事だと思います。子どもの頃は「遊んでばかりいないで」と言われることも多かったけど、遊んでいないとダメみたいな部分もあると思う。

為末　遊んだ経験はクリエイティブにも影響しますか？

佐藤　子どもの頃のものすごく感受性の豊かな時期に、何かの世界にどれだけディープに入ったことがあるかがすごく重要だと思います。若いうちに寝食を忘れて入り込む経験をしていないと、つくるということがわからなかったりする。

為末　可士和さんはどんなことをされていたんですか？

佐藤　小学生のときは1つの漫画を100回くらい読んでそれを描きまくっていましたね。大人になると、触れる情報も増えるし時間は取りにくいし、何よりどこかで冷静になってしまうから、夢中になるってなかなか難しいですよね。

為末　一度でも周りが見えなくなるくらい集中した経験があると、人生のいろいろな場面でそれが出てくる気がする。僕の場合は、スポーツで得た集中する感覚と文章を書くときに入り込む感覚が似ていると感じています。

佐藤 デザインを考えるときのような、ものすごく集中するときってどんな感じなんでしょうか。

ロゴやビジュアルなど何かしらつくるときは、紙や画面などいわゆるキャンバスの中にバーンと入り込む感じです。でもそれは海の中に潜るみたいな感覚なので長時間は続けられなくて、集中力が続かなくなったら外に出てみる、そんな感じですね。集中しているときには、たとえば空間の中心点がわかって、実際に測ったらぴったり同じだったりするくらいに感覚が研ぎ澄まされます。だけど一度離れるともうわからない。スイッチを入れないと見えないんです。

為末 その集中は意識的に入るものですか？

佐藤 目の前に対象がくると、パチッと入りますね。

為末 僕は文章を書くとき、ある1つの文言に夢中になって書いていて、ふと俯瞰してみると全体の文章が歪んでいるように感じるときがあります。そうすると、今度は逆にその文言をうまく入れるために前後の文章を調整したりする。部分と全体を行ったり来たりします。

1つの文言を、その文章の印象を決める「へそ」にして書いていくというのは、すごくデザイン的な考え方ですね。

佐藤 僕はいいデザインには必ず見せ場があると思っています。つくる側が最初から設定できていればそれがメッセージになるし、一方で、見てもいまいち感動を覚えないものにはそういう「へそ」がない。「へそ」を中心にバランスをとるというのは、からだでもクリエイティブでも大事な考え方だと思います。

可能性を拓く無数の主観

佐藤　若い頃は「僕の仕事だ、自分の作品だ」と意気込んでいて、自分本位でした。でも、20代で担当したHONDA「ステップワゴン」はプロジェクトが大きく、若手の僕が全部をコントロールするような規模ではなくて。「これは無理だ」と思ったから「自分のやりたいことはいったん置いておいて、とことんこの車に向き合ってみよう」と考えた。そのスタンスでやってみたら自分でも思いもしなかったようないい広告キャンペーンができて、かつ、車ものすごく売れて。今思えば当たり前のことですが「自分が好きな表現でなくても、クライアントや社会にとって良いものがいい」と気づきました。

為末　試合に出るのは自分でなくクライアントだと。

佐藤　だから今は自分がアウトプットしようという考えはあまりなくて、どちらかというと商品の特性やそのクライアントの本質を摑むことを大切にしています。

為末　コーチングみたいですね。

佐藤　多くは企業や地域などからご依頼いただいて取り組む仕事なので、主体はクライアント。そう考えると、たしかに僕はコーチのような、試合のための道具や技を教えたり戦術を考えたりする役割に近いです。

為末　コーチの観察眼が熟達していくプロセスに関する、視線をトラッキングした研究がありますが、剣道では、初めは相手の手を見て足を見て…と全身にくまなく視線が動き、上達してくると見る範囲が狭くなり、最終的には相手の胸元だけを見るようになる。

このとき注目したいのは、相手の胸元一点を凝視しているのではなく、胸元を中心にぼんやり見ているということ。観察眼が熟達するというのは、全体をくまなくバランスよく見るということがわかってくることらしいんです。

佐藤　どこまで引いて見られるかがものすごく大事なんですね。

近づいて見ると、情報の範囲は狭いけどよく見える。一方で引いていくと視野は広いけど見え方はぼんやりしてくる。目を細めて全体がぼんやりとしか見えない状態って、逆に本当に大事なところがよく見えてきますよね。

為末　面白いですね。前半には解像度を上げるという話をしましたが、かといってそのために凝視しているわけでもない。どうしたら引けるようになるんでしょう？

佐藤　そこが難しいところです。最近、京都大学大学院でクリエイティブ人材育成のためのプログラムに携わる中でも話していますが、まだうまく言語化できていない部分も多いので、逆に為末さんに教わりたいです。

為末　基本的に、いい選手もいいコーチも引けると思います。あるいは選手の場合、広い視野はコーチに任せるというタイプもいますが。いずれにしても、引くという側面もありながら、無数の主観という表現が近いかもしれません。

佐藤　無数の主観ですか？

為末　イメージトレーニングをしてその内容について選手と話すことがあるのですが、意外に意識していなかったのが、イメージの中で自分「を」見ているのか、自分「が」見ているのかについて。あるとき聞いてみたら、選手によって違った。

佐藤　この違いはイメージに対する距離感の問題とも言えますが、別の役割からの視点をたくさん集めることが、引いて見るためには大事なのかなと。

想像力に近いですね。結局スポーツをすることもある種の表現で、自分の身体能力をどう最大化するかということ。そうすると、何事もまだ起こっていないことだからイメージしないとできないわけで、それはデザインでもスポーツでも他の分野でも同じ。

為末　可士和さんは、相手から見たイメージも意識しますか？

佐藤　僕の場合、最初からロゴのようなできあがった形をイメージすることはできないのですが、それが世に出たときの反応や感触はイメージできる。スポーツでたとえると「試合でどういう勝ち方をしたら会場が沸くか」に近いかもしれません。そういう結果のイメージについて、最高のパターンと最悪のパターンを考える。そして、最悪のパターンが致命的なリスクにはならないような工夫についても考えますね。

為末　イメージトレーニングを積むと、脳の活動自体が、イメージしているときと実際に動いているときとで似てくるそうです。となると、どれだけ詳細にわたってイメージできるかがパフォーマンスに影響すると思います。

佐藤　イメージトレーニングでは、実際のパフォーマンスをシミュレーションしていることと自体が大事なのか、「自分はできる」と思えることが大事なのか、どちらだと思いますか？

為末　前者かと。イメージトレーニングを「頭の中で描いてからだで実行すること」とおおまかに捉えると、たとえば体操競技って誰かがある技をできるようになると他の選手もできるようになるじゃないですか。あれは、1回でも成功している姿を見たらイメージが具体的かつ詳細に描き出せるから。そして、頭の中で繰り返し思い出すうちにイメージがよりクリアになってくるのではないかと。

佐藤　なるほど。スノーボードも、ひと昔前には平野歩夢選手のようにあんなに回転する技は想像できなかったですが、1人ができるようになるとできる人がどんどん増えていく。やはり見ることでイメージができるんですね。

一方で、技とは少し違う、100mの記録などはどうですか?

為末　それはどちらもある気がしますね。細かい技術で言うと、カール・ルイスの時代はスタートから5歩目くらいでは顔を上げゴールを見て走っていましたが、後々スタートからずっと下を向きながら進む走り方が出てきて記録が出るようになると、それが主流になった。一方で、限界に対する思い込みが取っ払われて「できる」と認識する面もあると思います。

佐藤　一度出現するとそれが情報のデフォルトになって、それをもとに次はどうしようかと考えるから、みんなできるようになる。

為末　体育も、アートでデュシャンの『泉』が出たときのように、それまでの常識がひっくり返るようなことが出てきたら、それがみんなに響きわたり、今よりもさらに発展していけると思います。

2章

体育、そうだったのか。

「矛盾」がいろどる遊びの世界

2022年7月6日収録

松田恵示（まつだ・けいじ）

1962年生まれ。東京学芸大学理事・副学長。

「遊び学」研究者。専門は社会学、体育科教育学。遊びを文化として捉え、遊びの観点から社会や教育について長年研究している。著書に『交叉する身体と遊び あいまいさの文化社会学』（世界思想社）など。

「遊び」を探究するふたり

為末　今回は「遊び学」を提唱されている松田恵示先生をお招きしました。「遊び」は僕にとってもすごく大切な概念です。

松田　よろしくお願いします。為末さんが「遊び」に興味を持たれたきっかけはなんだったんでしょう？

為末　選手としてのキャリアの後半に読んだ『ホモ・ルーデンス』（ヨハン・ホイジンガ著）という本が大きいですね。自分の中で少なくとも2つの転換が起こりました。1つは、それまでの僕は「未来逆算型」で、目標を決め、それに向けた計画をガチッと固めて練習することが良いことだと思っていました。ただ、実際には明日何が起きるかわからないっていう「矛盾」を抱える。そんなときに『ホモ・ルーデンス』を読んで、「今日は今日、明日は明日」という、今を起点に物事に取り組む「今から型」の考え方もできるようになりました。

もう1つは、「意味」です。競技を始めて最初のうちは、この練習をやれば伸びるとシンプルに信じることができましたが、年を重ねて競技力が上がってくるとそうもいかなくなる。それが、いわゆる「社会的成功」を意識し始めた時期とも重なって、競技から退いてタレントのような活動をしたほうが報酬は高くなるだろうし、地位も手に入るし、いいんじゃないかと。こうした社会的成功と、自分が競技を頑張る理由が微妙に一致しなくなったときがありました。しかし『ホモ・ルーデンス』を読むと、自分にとって面白くて興味深いこと、僕にとってのそれは走りながら自分を理解することが大きいのですが、僕が走る意味は結局それなんだと思えた。

松田　そんなことを考えながら走っておられたとは夢にも思いませんでした。『ホモ・ルーデンス』は、スポーツのことを勉強する人が最初に読む本と言われますが、読んで「なるほど！」と思う人と、「ふーん」って、あまり腑に落ちない人とに分かれるんですよ。

為末　他にも面白い議論がたくさんありましたが、今一番思うのは、選手のポテンシャルを引き出すうえでも遊びがとても有効なんじゃないかということ。だけど、有効だから遊ぼうと考えると、それは遊びではなくなってしまう「矛盾」があるじゃないですか。そんなところにも惹かれる部分があるんですよね。

松田　僕はホイジンガが言いたかったことはこういうことじゃないかと思っています。原始時代の狩猟生活で野生動物の生肉を食べていた。すると、たまたま隣で焚き火もやっている。そこにチャラけた人がいてね。たまたま食べていた生肉を焚き火にかざしたらパチパチと鳴って、「これ面白いぞ！」って。それで周りの人も巻き込んでしばらくやっていると飽きてきて、「この肉、この後どうする？」ってなりますよね。「じゃあ…」と食べてみたら激ウマやったと。

為末　つまり、「肉を安全に食べる」という目的が先にあって、そのうえで「衛生的な問題から火を通すと良い」などの知恵を重ねて文化は発展していったと思われがちだけれど、じつは、たまたま生肉と焚き火があり、ある種の「跳躍」があって、それが累積したのが文化なのではないかということを、ホイジンガは言いたいんじゃないかな。

目標や計画を立ててそれに沿って生み出すものと、とりあえずやってみて、そこで生まれたものから考えてみるのとではだいぶ違っている、ということですかね。

松田　だとすると、この連載の目的の1つに「体育を少しアップデートする」ことがあるそうですが、アップデートを計画立ててやったのでは、結局常識を超えられないと思うんです。

為末
松田

遊びを定義してみる

為末　松田先生のこれまでの研究を簡単にお教えいただけますか。
松田　遊びを通して社会や人間を知る、というようなことをやってきました。僕にとって遊びは、「リバーシブルなもの」という感覚がある。ごっこ遊びを例に説明すると、泥だんごをつくって、「はい、今日のおやつよ！」と言って差し出す。相手は、（泥だんごなのに）「ありがとう！」と言って嬉しそうに受け取る。でも、その泥だんごを本当に食べ始めたら、「え…」ってなりますよね。つまり、「これはおやつだ」と思って、ありがとうと言わなければごっこ遊びは成立しないんだけれど、一方で、「これは泥だんごなんだ（本物のおやつではない）」ということもわかっていないとダメなんです。要は、嘘と本当の「矛盾」。この矛盾をうまく引き受けられないと、ごっこ遊びは成立しません。
為末　こんなことを言うと怒られそうですが、じつはスポーツもまったく同じではないかと思っています。勝つことや記録を出すことに本気で、中には人生をかけてやっている人もいる。一方で、「スポーツなんてどうでもいいことじゃないか」といった思いもどこかで抱えているんじゃないか。その表と裏がいつでもひっく

為末　り返せる軽やかな状態にあるときには、すごく夢中になれる。一方「勝たないといけない」や、逆に「どうでもいい」だけだと、スポーツの面白さってなくなっちゃう気がするんです。

以前ある俳優さんにお話を伺ったのですが、財布を探す演技をするとき、実際には財布がどこにあるのかを知っているから、最初はうまくその演技ができないんです。でもいろいろなメソッドを取り入れていくうちに、どこにあるのかは知っているんだけど、それをいったん忘れて財布探しに夢中になることができるようになる。一方で「これは演技なんだ」と我に返ることもできるという、この「幅がある」っていうことなのかなと思いました。

松田　まさにそのとおりだと思います。西村清和さんの『遊びの現象学』という本があって、遊びって大体こんなものということが書かれています。

まず行き来する「間」と「動き」があると。たとえばブランコは、物理的な前と後ろの「間」を「動く」ものですし、勝つ／負けるとか、できる／できないみたいな精神的なものも「間」を「動き」ますよね。しかし、もう1つ考えなければならないことがある。それは、「これは遊びだ」というメタ認識です。この認識があるからこそ、さっきから話に出ている「矛盾」を受け入れられるし、夢中にもなれる。

為末 優れた定義ですね。

松田 このように遊びを定義してみると、10回やって10回勝つ（負ける）相手とやるリレーというのは、勝つと負けるの「間」も「動き」もない。加えて「負けたのはお前のせいだ」などと言われ出したら、「これは遊びだ」というメタ認識もなくなる。つまりどれだけリレーをやっていても、その子たちにとってのそれは、遊びの要素を持たない面白くないものなんです。

為末 遊びには自分ではコントロールできないものが必要だということですかね。

松田 思い通りにならないことがあるのは遊びの基本だと思います。思い通りにならない、わからないものと出会って、自分がちょっと変わっていく。じつはこれは、「学び」――新しい知識や技術に出会って、自分がちょっと変わる――とまったく同じだと思うんです。だから、最近は遊びと学びはまったく区別しなくてもいいのではないかと思って研究をしています。

為末 遊びと学びって似たような矛盾がありますよね。遊びも学びも「何のためにやるんだ」と言われれば言われるほど壊されやすくなる。

松田 体育はまさにその典型ではないかと思います。たとえば小学校でよくやる逆上がり。これも本来は遊びで、できる／できない、の間で、「やった！」とか「もう1回！」とか言いながらやるもの。だけどいざ体育でやるとなると、逆上がり

為末　の技術はこういうふうに分解できて、それをどう習得させるか……という真面目な話になる。もちろんそれを否定する気はないんですけど、どこか冷めてしまうような感覚も覚えるんです。

松田　すごく本質的な話だと思います。ただ、学校教育の文脈でいうと、遊びは評価との相性が悪いですよね。どうしても「その遊び（学び）はどういう効果が得られるのか」という話になりがちです。
　そこが本当に難しい。でも、本来評価というのは、次にどうするかを決めるための情報を得るのが目的。にもかかわらず、効果があった／なかった、のようなレーティング（格付け）になっていることがまず問題です。なぜそうなっているかというと、やはり受験の影響が大きいと思います。

学校の成績とスポーツの成績

松田　評価の話が出たのでお聞きしたいんですけど、スポーツの世界では金・銀・銅というように順位がつきますが、それは学校の成績表の5・4・3……と似ているものなんですか。

為末　似ているかな。うん、その延長線上だと思います。

松田　ただ、遊びのメタ認識の話に関連づけると、「そういうゲームなんだ」と思ってとった成績か、「これが人生のすべてなんだ」と思ってとった成績かで、ずいぶん違いがあると思います。スポーツ選手にとっては、「スポーツこそが生きるすべてだ」みたいな空気があるじゃないですか。実際にそういう心境の選手はたくさんいて「銅メダル（3位）＝自分の人生の成績表」のように捉えていたりします。しかもその成績は引退した後には書き換えられないので、銅メダリストということで十分すごいのに、金メダル（1位）を獲れなかったことをずっと悔やんでいる選手もいる。一方で、時間はかかるんですけど、後になって「ああ、面白かった」になる人もいると思う。

為末さんはどちらのタイプ？

為末　「ああ、面白かった」になったタイプですね。僕は本を読んだり文章を書いたり、今日のように、知らない人と知らない世界について話すことがすごく好きなんですけど、競技引退後にこの道を見つけられたから、競技者としての人生が良い意味で軽くなった気がしています。僕は世界選手権で銅メダルを二度獲りましたが、オリンピックでは一度も獲っていない。スポーツ界では世界大会とオリンピックの位置づけ（価値）にはかなり大きな差があるので、僕もそこにどっぷりだったときは、「自分はオリンピックのメダリストではないんだよな」と思っていました。でも今となっては、「ああ、面白かった」が強いです。

我を忘れる体験

松田　現役時代で、「あのときは夢中だったな」と振り返るのはどんなときですか。

為末　2パターンあったと思います。1つは、練習のとき。ボックスジャンプという、地面を踏んでジャンプしボックス（台）に跳び乗るというシンプルな練習があるのですが、この練習を2時間くらいやっていたことがあります。そのときの感覚をイメージで言うと、車のブレーキをクッと踏む感じで、骨盤から地面を押して、地面から反発をもらって跳べる感じ。傍から見るとただの反復練習ですが、自分の中では感触の幅を持たせて、こうじゃないかああじゃないかっていろいろ試してやっていて、本当にあっという間に2時間が経っていました。

もう1つは試合のとき。よく「ゾーンに入る」と言いますけど、自分のからだが、どちらかというと、動かそうとするのではなく勝手に動いて、それを意識が後追いするというのか、気がついたらレースの終盤まできていた、みたいなことがありました。思い通りにいった感じがしながらも、でも自分で動かした感じもしないという、すごく不思議な感じ。

松田　めちゃくちゃ面白いですね。似ていると言っていいかわからないけど、先日『トップガン』という映画を観ていたら、ただワーッとその風景の中に自分が溶け込んでいる感覚になった。そしてふっと我に返ると、隣には泣いている観客がいて、「あ、映画だった」と。

為末　「遊ぶ」と「遊ばれる」の感覚ってそれぞれどう思われますか。スポーツだと、こちら（自分のからだ）が主体だから「遊ぶ」という感覚が強いかなと思うんですけど、映画やテレビゲームの世界って、自分が遊んでいるようだけど、一方で設計された世界にハックされている部分もある。「面白い」とか「夢中」の中にも、われわれが主体的に面白がる場合と、設計された世界の中で面白く感じさせられている場合とがあるように思うんです。

松田　映画の話で言えば、我を忘れていたときは、ハックされていた感じがありました。ところが我が出てきたときには、遊ばれているとか、意図的に面白く感じさせられているということを自覚して、途端に冷めてしまう、みたいな感じですね。

為末　なるほど。その境目がポイントのような気がします。ぱっと我が出てきたときに、面白かったとか、もっとこうしたい、みたいな感じがあると、より「遊ぶ」に近くなるというイメージですかね。

松田　学校の体育では、我を忘れるような体験がいっぱいできるのではないかと思います。前回までの対談を読ませてもらって、「自分（のからだ）を扱う技術」というワードが何度も出ていて、共感する部分が多くありました。今日の議論に引き寄せれば、「自分（のからだ）を扱う技術」は夢中になって我を忘れるような対象になるんだと思います。なぜなら、それだけ、からだがわけのわからないものだから。

為末　「身体と環境の間で遊ぶ」という僕なりのスポーツの定義で言いたいことの1つは、外部環境に引きずられて動くと、自分で動こうとするより自然に動けたりするということです。実際陸上競技では、からだがそう動いてしまうような設計をする練習が多いんですよ。

松田　我を忘れて遊ぶ中で、自分が知らなかったからだがふっと出てくるという感じですね。

「学びが面白い」とはどういうことか

為末　「遊び」と「学び」のことをもう少し伺ってもいいですか。子どもたちに陸上を教えることがあるんですけど、腕振りの角度は○度くらいで……と教えて動きを習得するときと、子ども自身が「あれかな？これかな？」と試行錯誤しながら

松田　習得するときとでは、その子にとってのその動きの豊かさが大きく異なると思うんです。だけどその価値は説明しづらい。
　本質的な学びを伝えることは本当に難しいことです。たとえば数学で、なぜマイナスとマイナスを掛けたらプラスになるのかを説明してと言われたら、簡単にはできない。だから、手っ取り早く「そういうもんだ」と覚えてしまいますよね。多くの人にとって「なぜマイナス×マイナスがプラスなのか」を知ったところでなんの役にも立ちません。だけど数学的に見ると、それを考えることが数学の本質につながっていたりする。つまり、わからないからこそ、ただわかろうと我を忘れるというような状況が、「学びが面白い」の原型だと思うんです。

為末　なるほど。

松田　簡単にはいかないんですけど、何かを知ることがただ面白くて夢中になれる、といった学びをつくれたら、遊びのような学び、あるいは遊びと学びがシームレスになると思います。
　ところで、今日為末さんはずっと「楽しい」ではなく「面白い」とおっしゃっていたじゃないですか。「楽しい」の反対語は「苦しい」ですが、では、「面白い」の反対語ってなんだろうと考えたら、「つまらない」だと思うんです。

為末　「面白くない」かと思いました（笑）。「つまらない」か。たしかにそうですね。

松田　「面白い—つまらない」と「楽しい—苦しい」を十字にして書いてみる（図1）。すると、面白くて楽しいものが良いというのはすぐわかるし、つまらなくて苦しいのは避けたい。問題は残りの「つまらないけど楽しい」と「面白いけど苦しい」。為末さんの陸上のお話のほとんどは、「面白くて楽しい」か「面白いけど苦しい」だったと思いますが、多くの人はこの区別がついていないんじゃないかと思うんです。こういった区別をきちんとすると、目の前の子どもたちにどんな経験をさせればいいのかがもう少しクリアになるのではないかなと思っています。

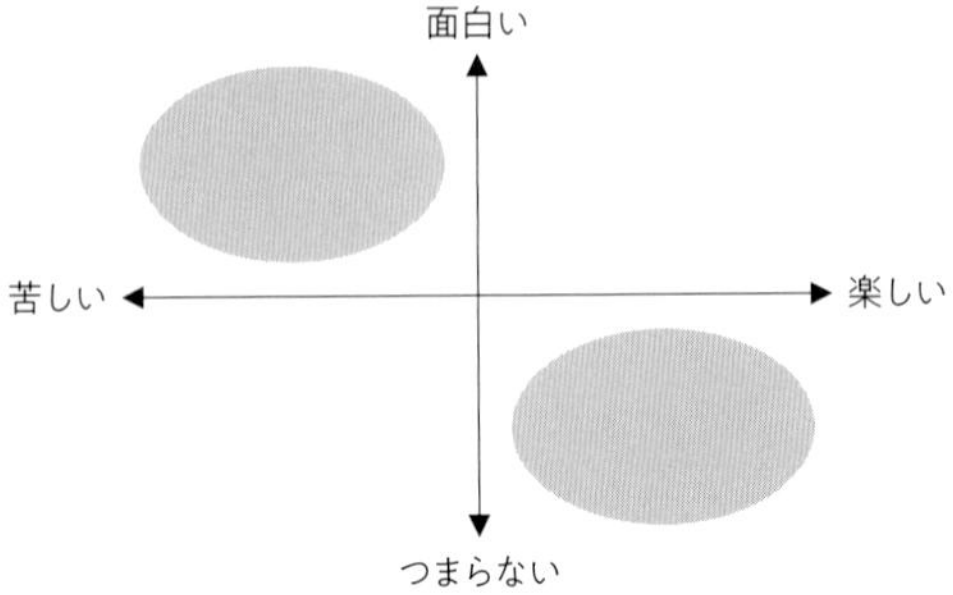

図1　「面白いーつまらない」「楽しいー苦しい」の4象限マトリクス

「遊び＝気楽、不真面目」ではない

為末　スポーツの世界にももっと「遊び」があるといいなと思っています。それは一般的に言われるような、勝ち負けにギスギスし過ぎずにもっと気楽に、という意味でもあるんですけど、じつは競技のレベルを上げる側面もあるんじゃないかと思うんです。というのも、トップオブトップの選手たちは、やっぱり遊ぶんですよ。練習の最中に思いついたことを、計画になくてもやっちゃったりする。そういう、１歩外れた選手が優れたパフォーマンスを見せるんですよね。逆にトップの少し手前にいる選手たちは、計画通りにやろうと、どんどん真面目になっているように思います。

松田　すごくよくわかる話です。遊ぶというと、「気楽」や「不真面目」とイコールと捉えられがちですが、実際はそうではない。「オリンピックじゃなくてこっちでいいわ」が遊びでは決してないんですよね。だってオリンピックの金メダリストも遊んでいるわけですから。

為末　教育の世界も、同じように考えていいんですかね。

松田　学校の先生たちは、やっぱり真面目なんですよね。といっても、真面目が悪いと言いたいのではないんです。それはすごく大事なこと。僕が思うのは、真面目のそのうえで遊びの価値を理解し、磨いていくことができたら一番良いのかなということです。

為末　計画し過ぎないことが大事だけど、一方で漠然とした方向性は持ちながら、という感じでしょうか。予期せぬ何かがやってくることに対して、「そうきたか！」と、合気道的にそれを面白がる。そんな余白、心持ちがあるといいですね。

松田　遊ぶってコツがいるんですよ。経験の量に比例する部分もあると思う。だから、遊ぶ場面に積極的に接したり、自分でつくっていったりすることで、溜めていかないといけないのかなと思いますね。

「矛盾」がいろどる遊びの世界

からだを育てる
ファンダメンタルな体育

2022年8月5日収録

野井真吾（のい・しんご）

1968年生まれ。日本体育大学教授。子どものからだ研究所所長。子どものからだと心・連絡会議議長。

専門は学校保健学、教育生理学、発育発達学。子どもと接する中で得られる「実感」と「事実」を重視し、研究に取り組んでいる。

体育がもつファンダメンタル性

為末　この連載を始めたきっかけとして、今の体育には心の要素が小さいのではないかという気がしているのと、社会に出てからの課題に対して多くの人が頭と心からアプローチしているけど、からだからアプローチすることでより応えられるのではないかと感じていたことがあります。

そこで今回は、子どものからだと心について研究されている野井真吾先生をお迎えしました。

野井　よろしくお願いします。僕は長年、子どものからだと心にこだわった研究活動をしてきました。「からだ」はひらがな、「心」は漢字なのは、心もからだを通して見ようと考えているからです。というのも、学校で行う活動をベースで支えているものは「子どものからだと心の現状」だと考えています。

たとえば小学校の授業は45分、大学は90分ですよね。なぜこんなに違うのか。当たり前ですが、小学生が90分の授業を受けるのは厳しいですよね。からだと心がそれを許さないから。一方で大学生に45分の小刻みの授業をするのはあまりにも非効率的。

為末　つまりすべての活動は、その根底にある子どものからだと心のことを考慮して展開されていて、じつはここにすごくコミットしているのが体育だと思います。したがって、国語を支えているのも体育、算数を支えているのも体育というような感覚があっていいんじゃないかと。

からだと心を、体育を、ファンダメンタルと捉えるということですね。

僕も体育にはもっと可能性があると思っているのですが、その場合、体育はどう変わっていくといいでしょうか。

野井　体育は「体を育てる」と書きますが、この第一義的な目的に立ち返ることが必要だと思います。スポーツ

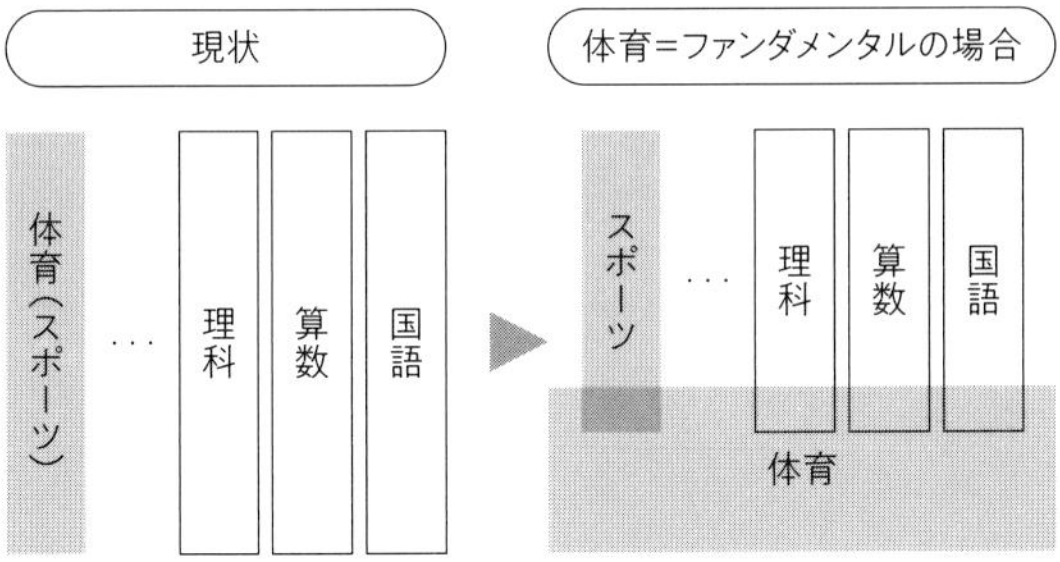

図1　教育課程における体育・スポーツの位置づけ(イメージ)

為末　は「強く、速く、高く、美しく」を求めるけど、からだを育てるときにそれらが必ずしも必要でしょうか。体育では、スポーツをツールにしながら、からだを育てることが最終目的という点を押さえておく必要がある。そうするといろいろな見方が変わると思います。

いろいろなことは差し置いてあえて教育課程に位置づけるとしたら、スポーツは国語・算数などの教科に並ぶ位置づけで、体育はスポーツと部分的には重なるけどより横断的な役割を担うというイメージですね（前頁図1）。

からだから心へのアプローチ

野井　最近の子どもたちの脳のデータを見てみると、特に男の子でそわそわする子、集中できない子が増えていて、男女ともに抑制が効き過ぎてしまう子が増えています。特に後者はひと昔前にはほとんど見られなかったタイプで、虐待を受けている子が示す身体症状と同じような症状を示しているんです。

為末　過剰適応のようなことですか？

野井　そうですね。虐待を受けている子は自覚の有無を問わず良い子を演じないと危ないと察しているから、そういうふうに適応していかざるを得ない。

為末 ではなぜ虐待を受けたわけでない子どもたちにそのような身体症状が出るのかというと、昔と違って、子どもだからといって失敗できるような雰囲気がなくて、子どもでも失敗したら自己責任を問われてしまう。あるいは、将来に向けて常に競争をし続けないといけない。そんなプレッシャーを、子どものからだと心が敏感に察知して反応しているのではないかと。

そういった現状に対して、社会制度にアプローチして変えていこうというのはもちろんですが、個人レベルでからだから心にアプローチするという方法もあるのではないかと思っています。

野井 保健室の先生などはそういったアプローチをしていることが多いように思います。

たとえば、保健室登校の子に閉ざされた空間で「最近どう？悩みがあるなら言ってごらん」と言ってみたところで子どもは何も話してくれません。だから「今から花壇に水をやりに行くけど、一緒に来ない？」と声をかける。そうして、ずっと黙っていた子どもがからだを動かして水やりを始めると、「先生、じつは昨日ね」というふうに話し出すんです。

つまりからだを動かしていると心が開けてくる、からだからのアプローチなんですよね。

為末　スポーツの現場では、心身二元論というのは後からつくられた概念で、トップ選手であれソーシャルの影響を受けて自分のパフォーマンスが決まります。つまり、実際は総体としての自分のからだと社会を切り離せていなくて、全部シームレスになっている。そして状況に応じて、どのあたりに比重を置いてやったほうがいいのか、うまくバランスをとっている。理屈上は切り離して話すけど、感覚としては一体なんですよね。それがパフォーマンスの実態ではないかという感覚があります。

野井　なるほど。もしかすると体育の先生も、経験的にわかってはいるけど、理屈では気づいていない部分があるかもしれませんね。

教育＝引き出すこと

為末　体育に限らないかもしれませんが、比較して優れたものを評価するという傾向がとても強いような気がしています。からだを育むということで言うとそれはあくまで個人的なものなので、測定できる、評価できる要素に持ち込んでしまうと、何か違ってくる。

野井　「education」の語源はラテン語の「educere」にあると言われてきました。このうち、初めのeは「外へ」、ducereは「引き出す」という意味なので、「educere／education」はその子が持っている能力をどうやって引き出すかという行為なわけです。なので、これらの言語圏では座席はぐちゃぐちゃ。日本のように机が黒板に向かってきれいに並んでいたりはしません。その子の能力を引き出そうと思うときには、そういう配置が適しているからです。ところが日本では「education」が入ってきたときに「教育」という漢字を当てたので、「教える人」は頑張って教えるし、「教わる人」はお行儀よく教わるようになった。引き出したことの成果であれば個々に違いがあるのは当たり前だから優劣をつける必要がないけれど、教える／教えられることの成果となると、どれだけ吸収したかになってしまう。そこが、勝ち負けや優劣を重視する背景ではないかという気がしています。

寺子屋の時代には不登校はなかったと思うんですよね。農作業をすっぽかしてでも行きたかったくらいだと思う。でも今は誰でも学校に行ける時代で、机と椅子が用意されていて環境はばっちり。そうなるとなぜか不登校が出てくる。不思議ですよね。つまり何かがおかしいんです。

為末　その「おかしさ」には、どこからアプローチすればいいですかね。

野井　本来は地域と学校と家庭が手を組まないといけないのに、それぞれの間に大きな溝があってなかなか手を組めないことが多い。教員同士でなら実感として共感できることも、保護者にはピンとこなかったりする。それぞれの立場で見ている部分が違うので、お互いに共感できないんですね。

でも子どもたちの置かれている状況や状態をデータや事例として示したら議論が巻き起こり、議論が巻き起こればそれぞれの考えていることが見えてきて、結果、手を組むことができるようになる。僕らが先導するのではなく、事実が社会を先導してくれるのではないかと。

為末　「子どもたちのため」というのは、世の中で数少ないみんなが合意しやすいテーマ。とはいえ、子どもへのアプローチだけ変わっても、社会が変わっていなければまた同じことの繰り返しになってしまう。根本を変えるために、少しずつ波紋を広げていきたいですね。

自分を、周りを、うまく扱う

為末　僕の中では体育は「自分の扱い方を学ぶ学問」と定義しています。この定義はペンシルベニア大学ウォートン校発の「トータルリーダーシップ」という考え方に近いのかなと思っていて。体育というのは、生きていくうえでの他者とのコミユニケーションや自分の周辺にあるいろいろなものを取り入れながらうまく自分を扱っていくこと、と整理しています。そう考えると、体育はやはりかなりファンダメンタルというか、「社会活動＝体育」とも言えると思います。

野井　そこまで含めて体育人は責任を全うするべきだなと思いますね。

それに、今後もしかしたら学校という箱はいらないんじゃないかという話になるかもしれませんが、いやそうではないと言いたい。体育の授業だけが体育ではなくて、たとえば登下校だってじつは体育的な活動だと思うんです。

為末　それでいくと、バスケットボールをするときにどうやって得意な子も苦手な子も混ざり合って心地よくやっていくかという知恵みたいなものが、周りを巻き込みながらみんなにとっていいかたちを探りながらやっていくという意味で、自分を扱う技術として含まれるのではないかと。

野井　折り合いをつけるために頭を使う。こういう遊び的な要素が体育・スポーツには必要だし、そういう要素が詰まっているのが体育・スポーツだと思います。

ところが最近は、そういう頭の使い方をする場面が極端に減った。つまり大人が大人のためにつくり出したスポーツという文化に子どもを当てはめ過ぎてしまっているから子どもたちが育つ余地がなくなってしまった。もう少し遊び的な要素を取り戻す必要があると思います。

評価は何をもたらす？

為末　前回の松田先生との対談でも議論したのですが、学校教育の中でも遊びの重要さというのは気づかれていながら、でもどうやって評価するんだろうという、「はかれないものに価値はないのではないか」という考えが社会全体にある気がします。

野井　もちろん社会に出る前のある段階で自分が得意なもの・苦手なものを客観的に知るのは大事で、そのときに評価というのは役に立つかもしれないけれど、その子の能力を引き出すことが教育（education）のそもそもの目的だとしたら、子どもたちが各教科で毎学期評価されることのメリット・デメリットをあらためて考えてみたほうがいい気がします。

最近では、幼稚園・保育園から小学校への接続が悪くて小学1年生の授業が成立しないからと、結果的に幼稚園・保育園の学校化のようなことが起きています。でもこれ、むしろ逆じゃないかと。小学校の入学式の日に「体育館に行くから立ちましょう」と言うと多くの子どもが立てますよね。これって日本語が通じているから。じゃあどこでその日本語を学んできたのかというと、チョークと黒板で

為末 学んだ子はいないと思う。遊びや生活の中で学んでいるんですよね。だから遊びは学びというわけです。

評価をする必要はないんじゃないかということと、じゃあどうやって良し悪しを決めるのかということの間で、ずっと社会は揺れ動いているように思います。

スポーツでよくあることですが、選手の選考基準が示されないと極端に監督に権限が集まる。一方で、基準を細かく定めて客観的にし過ぎるとなんかずれるんですよね。この矛盾の間で社会がずっと揺らいでいる気がしていて。

でもおっしゃるように、少なくとも小学校までは、何か測定できる数字が良くなったというようなエビデンス的な評価よりは、「こういうことをしたらこんなことができるようになりました」というようなナラティブなものにして、多少歪んだとしても、他者から見た「いいことしてるね」みたいな評価にしてもいいんじゃないかという気がしています。

人間になりたい子どもたち

野井 新型コロナウイルス感染症の影響で学校が臨時休校になった際に行った緊急調査によると、子どもたちの困っていることの第1位は「思うように外に出られないこと」、第2位は「友達に会えないこと」、第3位は「運動不足」と続き、上位に動くことや集まる（群れる）ことが集中しました。

為末　京都大学前総長でゴリラ研究の第一人者である山極壽一先生にお会いした際に、社会や家族のしくみについての彼の仮説を聞いたことがあります。人類はあるときジャングルからサバンナに飛び出したけど、サバンナには隠れるところがなくて、大型肉食獣にたくさんの子どもが殺されたりもして人類絶滅の危機を迎えた。で、この危機を「多産」で乗り切ろうとした。でも多産のためには、次の出産に備えて早く離乳させないといけない。

そうすると助け合いが出てくる。

野井　そうなんです。多産だと母親1人では育てられないので家族が必要になった。つまり、群れるということが人間になる要素の1つだった。そう考えると、僕の考えとしては、人類は動いて「ヒト」になり、群れて「人間」になっている。

緊急調査の結果に戻ると、1位と3位は動くことに関わっていて2位は群れることに関わっている。つまり、そういうことに困っているという子どもたちの声は、ヒトであること、人間であることを本能的に感じているのではないかと。感覚的にそういうことに困る子どものからだや発想はたいしたものだなと思うわけです。

為末　山極先生の仮説には「助け合い」が念頭にあると思うんですけど、自分の子どもを他人に任せるには、かなりの信頼が必要ですよね。だから群れるときには相互信頼のような感覚が当然生まれてくる。

　一方で、信頼感というものはジャッジされるとすごく揺らいでしまうんじゃないかという気がしていて。家族同士は評価するもしないもなく信頼の中で無条件でやり取りすることになるけど、社会では評価されると群れから排除される恐れがあるから本当にシビア。

　でも社会にも、能力評価という部分もありつつ、うまくいこうがいくまいが構わないという信頼感の部分がもう少しあってもいいんじゃないかなと、そんな気がします。

野井　そもそもは信頼感であって、本来はそこに評価は必要なかった。だけど集団が大きくなるとそれじゃ見えないから評価化、言語化するようになった。でも先程から話している信頼感というのは、言語化された信頼感ではなくて、感覚的な信頼感だと思うんですよね。それが本当はすごく大事。

今すべきは「光・暗闇・そと遊び」

野井　僕たちは研究活動の1つとして、夏休みに子どもたちと30泊31日のキャンプをしています。期間中は、特別な何かをしているわけではないんですけど、メラトニンという眠りに関するホルモンのリズムが良くなって、みんな早寝早起きになってくる。

為末　昼間の活動量が多いからですか？

野井　意識すべきは「光・暗闇・そと遊び」。日中に外で遊び、夜は暗いところで過ごせば、メラトニンが出てくる。そうなれば早寝が実現できて、早寝すれば自然と早起きになり、早起きになればお腹も空いて朝ご飯も食べられるようになるというわけです。

キャンプ中は誰かに「早く寝なさい」などと言われるわけではないけど、どんどん早寝早起きになって、普段23時に寝ていた子が最終的には20時ちょっと前に寝るようになるんです。でもそれ以上は早くならない。なぜだと思いますか？

為末　暗くなってから1、2時間というタイミングですかね。

野井　そのとおり。日の出、日の入りの時刻なんですよね。面白いんですけど人間はそういうふうにできている。
大昔人類が誕生したときに、ヒトは動くタイミングを昼に、休息するタイミングを夜に決めて進化してきて、当然時計はないので太陽の光を頼りにしていた。だから現代人の僕らも、光を感じたら活動に必要な物質が出て、暗さを感じたら休息に必要な物質が出る。このからだは何百万年経っても変わっていないんですよね。だから、寝る時間がだんだん早くなってもある時間で止まる。大昔のような生活に戻っているだけなんですよね。

為末　そうなると、われわれ人類がどういう環境に適応してきたかということと、それとのずれの戻し方を学ぶのが体育だという捉え方もできますよね。たとえば生活習慣病も、人間本来の生活から大きくずれたことに起因する病だと思います し。

野井　現在も狩猟採集生活を続けるハッザ族についての研究によると、女性は1日に1万5000歩、男性は2万5000歩と、毎日テーマパークに行っているのかというくらい歩くそうなんです。その結果、ハッザ族には生活習慣病という概念さえない。だってからだと生活が合っているから。
僕たちもじつはそういうからだを持っているということを知ることは、これからの時代を生きていく子どもたちにとって大事な術の1つになると思います。

為末　テクノロジーが今以上に生活に入ってきたとしても、われわれのからだが適応するまでにはまだまだ時間がかかるだろうから、狩猟採集に適応したからだをどうテクノロジーと共存させるかということを考える必要がある。体育の重要性がますます高まる気がしますね。

野井　そういう感覚や意識、自分を扱うような知識をつけていくことが大事ですよね。今、子どもたちからすべてのスクリーンタイムを奪い去るみたいな提案はナンセンスですし。スクリーンに向き合ってしまったら、その分か、それ以上のグリーンタイムを確保しましょうみたいな呼びかけが必要なのかもしれません。

為末　普段僕が受ける大人からの相談も、突き詰めるとからだと置かれた環境がずれていることから起きている問題かなと感じることが多いです。

からだからは逃れられないという意味では、体育の根源に返るという捉え方でいくと、体育はもっと必要とされていくんじゃないかと思いますね。

野井　スポーツでわくわくどきどきする人がいてもいいし、それがスポーツでなく音楽でも絵画でもいいし、それらが重なり合っていてももちろんいい。でも、このどれもが結局はからだがやっていること。だからからだを育てるというのは万人が逃れられない課題で、それを育てるのが体育という感覚ですね。

為末　そう考えると、「どの技ができるのか」というのは、大事ではあるけど大きな問題ではないのかもしれませんよね。

野井　これまでの体育がそこに傾注し過ぎてしまった部分も少なからずある気がします。このことをあらためて自覚することが今この体育の転換点においては大事かと思います。

為末大と現場の先生の対話

～体育の課題ってなんですか？～

2023年1月21日収録

「一般社団法人未来の体育を構想するプロジェクト」が主催する
「未来の体育共創サミット2023」との
コラボレーション企画として、
為末大と小・中・高各1名の先生が参集（フロア）し、
オンライン（Zoom）より
約50名の方にご参加いただいて対話を行った。

和氣拓巳
（わき・たくみ）
お茶の水女子大学附属小学校

佐藤彩弥
（さとう・あやみ）
所沢市立小手指中学校

佐藤貴浩
（さとう・たかひろ）
群馬県立前橋東高等学校

司会
神谷 潤
（かみや・じゅん）
「未来の体育を構想するプロジェクト」代表理事
お茶の水女子大学附属小学校

左から佐藤貴浩、和氣拓巳、為末 大、佐藤彩弥、神谷 潤

為末大からの7つの質問

神谷　「未来の体育を構想するプロジェクト」代表理事の神谷です。本日司会を務めます。よろしくお願いします。今回の座談会を開催するにあたり、為末さんに現場の先生に聞いてみたいことを伺いました（次頁参照）。

為末　この連載を続けてきた中で、体育は僕が思っていたよりも不人気な教科なのではないかと気づきました。その理由を考えてみると、「先生の指示をただただ聞かないといけなかった」「みんなの前でやらされたのが恥ずかしかった」など様々。一方で、こうだったらよかったかもしれないというアイデアも出てきました。

今回現場の先生方とお話しする機会をいただいたので、実際に授業をされている皆さんにとっての「理想の体育」や「体育の目的」などについて聞いてみたいと思っています。

神谷　本日の流れですが、この後、オンライン参加の皆さんには少人数（ブレイクアウトルーム）でこれらの質問に対してディスカッションしていただきます。その後、そこでの意見も踏まえて、フロアにいる3名の先生方と為末さんによる対話を行っていきます。

その前に、7つの質問に対して、事前に17名の方から回答をいただきました。簡単に紹介します（次頁のQRコードから全回答が閲覧できます）。

【①理想の体育】については、「楽しい」「体を動かすこと」などが多く挙げられていました。他にも「自己実現」「生涯にわたって」、高校の先生からは「主体的」「学問」という言葉も出ています。個人的に面白かったのは、「回答するのが難しい」という答えもあったことです。

【②体育の目的】については、「運動との良好な関係を築く」といった回答が目立ちました。

【③運動が苦手な子のための体育】については、「自分に合った」「選択」「レベル別」といったように、苦手な子でも楽しめるように配慮している様子がうかがえました。加えて、「他者との関係」や「安心感」などもキーワードと言えそうです。

【④体育とスポーツの違い】については、それぞれに対して使われる言葉が大きく違っている印象でした。体育は学校教育の側面が強いと言えそうです。

【⑤技術と努力、どちらに重きを置く？】については、17名中11名が「努力」と回答し、「技術」と回答した人はおらず、「どちらでもない」または「両方」と

為末大からの7つの質問

①理想の体育ってどんなものだと思いますか？
②体育の目的はなんですか？
③運動が苦手な子のための体育はどんなものが理想ですか？
④体育とスポーツの違いは？
⑤技術と努力どちらに重きを置きますか？
⑥体育における先生の役割とは？
⑦規律と自由のバランスはどんなものが理想ですか？

答えたのが6名でした。

【⑥先生の役割】については、個別の回答はもとより、こんなに役割があるのかというくらい多様な役割が示されたのが面白い点ではないかと思います。

【⑦規律と自由のバランス】については、「規律の中の自由」といった回答が目立ちました。全体的に自由を大切にする傾向があると言えそうですが、そのためには規律も必要だということでしょうか。

では、ブレイクアウトセッションに移ります。

＊＊＊

神谷　どんなお話をされたかお聞かせください。

大学教員　私たちのグループでは、【体育とスポーツの違い】をメインに話をしました。学習指導要領の体育の目標に「豊かなスポーツライフの実現」とあるように、体育とスポーツは近づいてきているという声が多かったです。一方で体育は「規律」と分離し難い状況にあることも指摘されました。学校文化として体育の先生は生徒指導を任されることが多く、生徒をいかに管理できるかが問われる。そのために、体育の授業も子どもを管理する方向に向かってしまうのではないかと思われます。

中学校教員　私たちは【規律と自由のバランス】について話をしました。どちらに重きを置くかによって授業の在り方は大きく違ってくることを確認し、小・中・高と学齢が上がるごとに、規律に傾いていくイメージが共有されました。小学校ではある程度自由にやっていたのに、中学校に入学したら突然規律を求められるといった実態も話されていました。

スポーツ研究者　質問の内容と若干ずれますが、スポーツの競技力が高かった人が体育という学校教育の領域でもポジションをとっていて、それが体育とスポーツを切り離すことを難しくしているのではないかという話になりました。これって日本的なことなのかなと思います。

小学校教員　【理想の体育】を中心に話を進めました。小学校では男女共習が当たり前ですが、中学校ではそれを理想としながら、実際には男女別々に活動を行っている実態もあって、理想と現実はなかなか違うことを実感しました。

高校教員　私たちは【技術と努力】をテーマに話をしました。初めはどっちだろう？と考えましたが、最終的には「努力か技術か」の二者択一ではないという結論に至りました。そのうえで、逆になぜこの2つを為末さんが取り上げられたのかを伺ってみたいです。

努力を評価することはいいんだけれど…

神谷 活発なご意見をありがとうございました。

ここからは、フロアで議論をしていきます。まずは最後の質問に為末さんにお答えいただくところから始めたいと思います。じつはブレイクアウトの時間中、フロアでもそのテーマが話題になっていました。

為末 【技術と努力】については、部活あるあるだと思うんですけれど、努力が高く評価されるチームでは、成果（技術）を求めるよりも「頑張ってる感」が大事にされるようになる傾向があると感じます。なので、特にトップアスリートの世界では、技術以外の要素を評価すると何かを歪めてしまうのではないかという心配があります。一方で、技術のみの評価となると、最終的にトップオブトップ以外は評価されない厳しい現実が待っている。

神谷 フロアでは、努力の評価は教育と相性が良さそうで、逆に技術の評価は相性が悪いんじゃないかという話になりましたよね。

為末 もちろん、多くの子どもはトップを目指しているわけではないですし、努力を評価することはとても良いことだと思っています。しかし戦略的に勝つ、時間効率を高めるなどといった発想が出づらくなるのではないかとも思うんです。あえて社会的な課題に絡めれば、この国の生産性を高めるためにどうすればいいかという話ともつながると思います。

佐藤彩弥（以下、彩弥）　私は運動が苦手な子どもだったので、なんとか技術を身につけようと努力して、その努力を褒めてもらえると、さらに努力を重ねる、といった経験をしてきました。するとある程度技能は身につきましたが、努力自体が目的になってしまっていたのか、運動を楽しむとか、自分の感覚に気づくといったことができなかったと、今振り返って感じます。

佐藤貴浩（以下、貴浩）　「努力」と一口に言っても、いろいろな努力のかたちがありそうな気がします。

為末　僕の考えでは、本当はやりたくないんだけど、何らかの目的のためにやらなければいけないものは「努力感のある努力」で、やっていることそのものが楽しい努力を私たちは「夢中」と言っている感じがします。おそらく人はこの2つの努力モードを持っていて、「夢中」モードのほうが心地よいんだけれど、現実には「努力感のある努力」モードでないと越えられない壁もあったりして、その間を行き来しているんじゃないかなと思います。ただ、この当事者の感覚（モード）を他者が評価するとなると、一段と難しい話になってしまう。

貴浩　今のお話に関連して言うと、私にとっての【理想の体育】は、夢中モードの子どもが増えることかなと思いました。

体育とスポーツの違い

為末　連載の初回（伊藤亜紗先生との対談）で、現在の日本のスポーツ界には、「体育（という古典的なもの）からスポーツへ」という雰囲気が強くあるけれど、僕はその2つは別者なのではないかと考えていると言いました。つまり、大人の悩みのほとんどだと言っていい、からだの悩み、心の悩み、さらにはコミュニケーションの悩みに対して、「スポーツ」では十分に応えられないけど、「体育」だと応えられるのではないかと。たしかにスポーツに寄せていくと、楽しい感じになるかもしれませんが、自分のからだの感覚を知っていくのは体育ではないかと思う。ここで言う「体育」は、規律・訓練的なものではまったくなくて、でもスポーツともちょっと違う。この「体育」観をどうやってつくっていけばいいだろうかというのが、この連載の大きなテーマなわけですが、この点についてご意見やご感想をいただけますか。

和氣　僕は、体育の一部にスポーツがあると考えています。自分のからだについて知る、扱い方を知ることは、学校教育においてすごく大事なことです。体育の授業に、自分の興味に基づいていろいろなことに取り組める自由や選択肢があれば、自分はこれは得意なんだけどあれは苦手なんだといったことを知る時間にもなるだろうし、自分が突き詰めたいと思ったものを突き詰めていくうちに自分のからだが広がっていくような経験もできると思います。

彩弥　自分のからだの扱い方を学ぶのが体育だという為末さんのご提案は、本当にそのとおりだなと思います。また、同じ運動をしても自分のこの感覚と隣にいる子の感じ方は違うんだということを知ることができるのも体育の良さだと思います。再び自分の経験になってしまいますが、私は大学生になるまで、自分の運動感覚に向き合ったことがほとんどありませんでした。なので大学の体育実技の授業で「今、どんな感じだった?」と聞かれたとき、自分のこの感覚は正解なのかどうなのかにとらわれてしまっていた。そのような正解／不正解ではなくて、自分の感覚を肯定できるような体育ができるといいなと思います。

貴浩　私はまさに、大人になってからからだに悩みを抱えている1人です。最近背中が痛くて病院に行ったら、頸椎の状態が深刻だと言われました。このときあらためて、からだの大切さやからだを知ることの重要性に気がついたのですが、10代の子どもが将来こういうことになるかもしれないとは想像しづらいと思います。

彩弥　他方で、スポーツは誰でも楽しめて夢中になれるものなので、スポーツを推していこうとなるのもわかる気がする。
　たしかに、中学生に「将来こうなるから……」と言ってもなかなか伝わらない。生徒が大人になって「そういえば、先生がこんなこと言ってたな」と思い出してくれたらそれでも嬉しいですが、今・この瞬間に当事者としてからだに向き合ってもらうのには難しさがあります。

理想の体育とは?

為末　以前アメリカに行ったときに、あるラジオ番組を聞きました。そこでは、子どもたちが野菜をどれくらい摂っているかの調査結果が話題になっていたのですが、予想に反して結構高めの数字が出たんですね。でもよく見ると、ピザの上のトマトソースやフライドポテトも野菜に含まれていた。これはインチキだという話になるのですが、その後いろいろあって「日本を見てみろ」となっていきました。いわく、日本では学校で給食指導というのがあって子どもたちはそこできちんと野菜を食べる習慣を身につけている。こういう教育をしているから寿命は長いし、1人当たりの医療費が劇的に低いんだと。そのうえで、われわれも日本と同じような教育をやるべきだという提言で締めくくられました。
　この話から言えるのは、日本にいると日本の問題点ばかり見えてきますが、外から見るとまったく異なる評価がされることもあるということです。規律の話もそうです。バブル期の日本の強さは規律と集団行動にあると言われ、それを参考にした国もあった。じつは【理想の体育ってどんなものだと思いますか？】という質問には「日本にとっての」という枕詞があって、さらに言えば、今・この瞬間にとっての、長い人生にとっての、また日本社会にとっての理想の体育はどんなものなんでしょう、という問いかけでもありました。

神谷

　その理想の1つの例として、子どもの頃に「楽しい」という経験をいっぱいしておくと、生涯にわたって好意的にスポーツに親しむだろう、それによって健康的な生活を送れるだろうという「仮説」ないし「神話」があらゆるところで語られています。これを具体的な授業に即して考えるとどうなるのでしょう。

貴浩

　連載の中でもよく出ていましたが、生徒たちが合意形成しながらみんなでルールを決めていく授業ができればいいなと思っています。たとえばバレーボールをやるとなったときに、どんなバレーボールだったら楽しめそうかを考えてもらう。キャッチを認める、人数を増やす／減らす、用具を替える、といったようなアイデアが出てきたら、ルールを変えていけばいい。ただ、中には、「天井にボール

和氣　を当てるのが楽しいから、それをルールに加える」みたいなものも出てきますが、そのときは、「それは違うよね」と、最低限はみ出してはいけない部分は教師が担保する。これが【先生の役割】だと思っています。

為末　小学校でもゲームをつくる実践はよく行われていて、私もやったことがあります。私は、そのゲームが自分（たち）のからだに合ったもので、自分（たち）にとって意味のある活動だからこそ面白いと思えるんじゃないかと思います。

和氣　個々人にカスタマイズすることは、先生の労力を含めてとてもコストがかかりますよね。逆にみんな一律で同じことをすると効率は良くなる。このさじ加減をどういうふうに考えたらいいんでしょうかね。

彩弥　私は一人ひとりにカスタマイズできるような体育を目指したいと思っています。その際大事になるのは、一人ひとりが違う活動をすることを認め合うこと、尊重することです。

中学生に体育で一番嫌いな種目は何かと聞くと、だいたい「長距離走」という答えが返ってきます。これをどうにかできないかと考えて、❶競争（かけひき）を追求する、❷記録を追求する、❸友達と協働的に取り組む（パシュート走）の3パターンを準備して、生徒一人ひとりが活動を選べるようにしました。すると、予想通り長距離走が嫌いな子のほとんどは❸を選択しましたが、少数ながら❶❷

を選ぶ子も必ずいた。やっぱり子どもたちってそれぞれなんですね。
　この授業では長距離走に対するモチベーションを6段階で答えてもらうアンケートをとりました。すると意外な結果が得られました。モチベーション高く積極的に授業に参加していた生徒が、「授業が終わっても、自分で長距離走を続けていきたいと思いますか」という質問に対して、「授業がなくなったら走らない」と答えたんです。

神谷　その生徒にとっては、今・この瞬間は良かったけれど、長い人生を見据えるとそれが理想の体育だったと言えるのかどうかということですね。

為末　僕には小学校低学年の息子がいますが、からだを動かすと落ち着くことがよくあるんですね。体育の授業にもそういう側面があるとすれば、この場合の授業では、とにかく今・この瞬間にからだを動かすことが大事。発達段階による違いもあると思いますが、このあたりのことも考える必要がありそうです。

彩弥　おっしゃる通り、理想の体育を考えるには考慮すべき点が多々あると思います。それこそ学校での子どもたちの様子から、この時期は思いっきりからだを動かす時間を確保したほうがいいんじゃないかとか、今だったらじっくり考える体育が良さそうとか、そういうグラデーションの中で、それぞれ良いと思える体育をしていくことが理想だと私は思います。

体育の課題は社会課題につながる

神谷　先程の貴浩先生の「合意形成」に関するお話以降、オンライン参加の方々の中でその話題が盛り上がっていました。合意形成のタイミングや、授業という時間的な制約の中でそれをする難しさ、あるいは結局多数決で決めてしまっている実態なども紹介されています。

為末　「みんなが自由」を実行した国は分断が大きくなると言われています。それは「嫌な相手とは関わらない」が許されるから。つまり、嫌だけど一緒にいるということが国家形成の根幹にあるわけで、そこでは合意形成が必要になる。

神谷　長距離走のように、個人で取り組める運動であれば、自由な選択を認めやすいと思いますが、集団で行うボールゲームでそれをやり出したらゲームが成り立たなくなってしまいます。だからといって、いわゆる正規ルールや先生、または声の大きい子が決めたルールでやればいいわけでもない。それでは楽しめない子どもが必ず出てくる。体育における合意形成を問うことは【運動が苦手な子のための体育】を考えることにつながっているし、ひいては社会課題ともつながっている気がします。

和氣

合意形成が大事だということはそのとおりだと思います。ただ、まずはそれが子どもにとって切実な問題であるかどうかが重要ではないでしょうか。どの話にも共通することですが、将来こうだから今のうちに、とか、問題が発生しないように教師が先回りして、という発想ではなく、今目の前の子どもの声、子どもの意見を聞いて、それに寄り添って一緒に考えていくというスタンスでいれば、合意形成もつくっていけるのではないかと思います。

為末

そもそもを考えてみると、これからの日本の教育は「みな平等という前提」に立ったままでいいのかという問いが出てくる気がします。というのも、日本でも経済格差が顕在化していて、それに伴って教育格差・学力格差も広がっていることが指摘されています。つまり、自分の頭で考えて意見を言うというのは、じつは限られた子どもたちだけができることかもしれない。実際、各都道府県、いろいろな学校を訪問して、教師が引っ張っていくしかないような難しい現実も見てきました。先生方はなかなか口にしづらいと思いますが、僕はそこに踏み込んでいくべきではないかと考えています。本当はその差を縮めることが教育の持っている大きな力だと思います。大きなモヤモヤを抱えながらではありますが。

彩弥

これまでは、少し我慢をしてでも一生懸命頑張れば明るい未来が手に入ることが信じられる時代だったと思います。しかし社会が変わって、そのモデルが通用しなくなっている。そんな時代にあって、子どもたちには、もちろん未来のために頑張ることを諦めていいわけではないけど、今・この瞬間の幸せ（ウェルビーイング）を感じてほしいとより強く願うようになりました。

貴浩　たとえば球技大会では、応援している人も含めて、みんなが夢中になる瞬間がありますよね。格差や生きづらさ・苦しさとか、たしかにいろいろなものがあるのですが、そのときそこでは、一瞬ではあってもそれがなくなる瞬間があると思います。

為末　そういう一瞬の積み重ねが本質的に未来につながるかもしれないですね。

神谷　ここで時間がきてしまいました。為末さんからのご質問に対して自分なりの答えを見つけていくことが、私たち教師に求められていると思います。本日はありがとうございました。

体育から
「みんな一緒」を手放そう

2023年2月21日収録

安藤寿康（あんどう・じゅこう）

1958年生まれ。慶應義塾大学教授。行動遺伝学者。

おもに双生児法を用いて、遺伝と環境が個人差に及ぼす影響を研究している。著書に『生まれが9割の世界をどう生きるか』（SB新書）、『なぜヒトは学ぶのか』（講談社現代新書）など多数。YouTube等にも出演し、積極的に発信している。

「やればできる」は本当？

為末　本日は、行動遺伝学の第一人者である安藤寿康先生をお迎えしました。安藤先生は、ご著書『日本人の9割が知らない遺伝の真実』をはじめ、遺伝に関する学問的な知見を広く発信されています。

安藤　体育をテーマにお話しするのは初めてですが、じつは非常に興味を持っていたので、この機会をとても楽しみにしていました。

為末　早速ですが本日のテーマに寄せると、為末さんは、ご自身の努力を差し引いても、足の速さという点で一般的な人とはスタートラインが違ったかと思います。そのことに気づいたのはいつ頃でしたか。

物心がついたときにはすでに、他の子と明らかに違うと感じていました。一方で、球技はものすごく苦手で、練習しても明らかに変化しにくかった。特に動くものとの距離感が摑めなくて、バレーボールでトスを上げてもらったときにボールと一緒にジャンプしてしまうような感じ。そのようなわけで、自分という1人の人間の中にある極端な得意と不得意に戸惑いつつ、これは努力の問題ではなく、生まれ持ったものではないかと考えていました。

安藤　オリンピアンでも、専門外のスポーツは苦手という選手もいますよね。むしろ運動神経が「でこぼこ」な選手が多そう。

為末　今回お話を伺いたいと考えたのは、そういった経験に加え、この連載で何度も考えてきた「体育嫌い」には「やれば（誰でも）できる（から頑張れ）」という考えが少なからず影響しているように感じるからです。よくよく考えれば、運動技能もその素質も一人ひとり違うはずなのに。学校の先生はなかなか口にしづらい話だと思いますが。

安藤　おっしゃるように、学校教育には「きちんと勉強すれば誰でも学力を伸ばすことができる」という考えが根強くありますが、この当たり前を少し疑ってみてほしい。そのヒントとなるのが「遺伝」ではないかと思っています。

ただ、遺伝というと一般的にはあまりいい印象を持たれません。というのも、生物統計学者のゴールトンが提唱し後に優生思想としてナチス・ドイツや日本の政策にも影響を及ぼした「優生学」は、他でもなく行動遺伝学の先祖なのです。少なからずその影響もあり、行動遺伝学そのものが学問として批判的に見られてしまっている。教育現場でも、やはりタブー視されがちです。しかしながら、遺伝的な影響による個人差があることは、エビデンスに基づき科学的に明らかにされている事実です。つまり、その事実に向き合わないことのほうが私たちにとって不誠実ではないかと、そういった考えのもと研究に取り組んでいます。

為末　人間を考えるうえで遺伝を語らないわけにはいかないと。

安藤　まさに。人間は遺伝子の産物で、実際、個人差のおよそ半分は遺伝の影響ですからね。

そもそも「遺伝」とは

安藤　遺伝は「(上の世代が) 遺し伝える」と書きますが、実際はものすごくたくさんの遺伝子がそれぞれ組み合わさって伝わるので、一組の両親からでもじつに多様な遺伝子の組み合わせの子が生まれます。

為末　一般的に想像しがちな、親の遺伝子がそっくりそのまま伝わるということではないんですね。

安藤　そうなんです。とはいえ、両親の平均値あたりというのが確率的には高く、つまり相対的には親に似た子が生まれる可能性が高いけれど、たとえば両親の学力と子どもの学力が必ずしも近くなるとは限らない。ですから、子どもは親とは別の独自の素質を持っているという前提が重要です。

為末　安藤先生は具体的にどういった研究をされているのですか。

安藤　簡単に言うと、双生児を研究対象にして、個人差について遺伝による影響と環境による影響を明らかにしようとしています。少し掘り下げると、一卵性双生児は同じ受精卵から生まれるので遺伝子も同じですが、二卵性双生児は別の受精卵から生まれるので遺伝子の類似度はきょうだい程度。この特徴を生かし、一卵性双生児と二卵性双生児がそれぞれどの程度似ているかを集団レベルで比較します。

為末　遺伝と環境の影響の程度をみるということでしょうか。

安藤　そのとおりです。ちなみに環境は、非共有環境（家族を異ならせようとする方向に働く）と共有環境（家族を似させようとする方向に働く）に分けて考えます。また、遺伝によって説明できる程度を遺伝率と言いますが、これは親から受け継ぐ遺伝子の割合ではなく、ある形質（個体に現れる特徴や機能）のばらつき具合が遺伝子の分散でどの程度説明できるかです。少しわかりにくいかもしれませんが、遺伝率が高いほど遺伝的な素質に寄る（環境の影響が小さくなる）ため、変化させにくい形質だと考えてもらえるとよいかと思います。

現在では、このような双生児の研究から、ＩＱや学歴の遺伝率は低く見積もっても50％だということがわかっています。

為末　50％というのは、夢もリアリティもある数字ですね。何でも遺伝で決まるわけではないけど、決まってしまっている可能性もある。

安藤　行動遺伝学では、DNAも対象にします。たとえば海外では、医学的な情報として集められたDNA情報と、それに紐づく学歴データが何百万という単位で存在します。そして、およそ300万人分のDNA情報と学歴データを調べてみると、染色体上の約3900か所に学歴に関連する変異が見つかり、それらを集約すると学歴の約16％が遺伝的に説明できることがわかったそうです。

為末　16％ですか。

安藤　少なくともその人がどのくらいの学歴を残すかくらいはざっくりとわかるというわけです。

ただし人の遺伝子は約30億塩基対あるので、さらに研究が進めば、わかってくることが増え、その精度も上がってくると予想できます。つまりいずれは、将来の収入や健康面についても同じようにわかってくるでしょうね。

為末　これらの情報がわかっていくと、たとえば数学で落ちこぼれる可能性が高い子たちを集中的にサポートできたり、貧困家庭の多いエリアに集中的に必要な予算を投じることができたりしそうな気がします。一方で、わかってしまうということは非常にセンシティブなことでもあり、嫌がられる面もある。

安藤　実際、海外では、わかり過ぎてしまうことの是非について十分な議論がされないままデータだけがあるという状況があります。今後は、仮にすべてがわかって

為末　きた場合に、そこから見えるものにどう向き合うのか、どういう社会にしていくのかについて真正面からの議論が必要だと思います。そしてもちろん、倫理的な観点で慎重に議論することも重要です。

安藤　僕は、こういったデータが出ることで、社会における能力の評価が多様化するのではないかという期待を持っています。いろいろな方向の優秀さがあると捉えられれば、多様性とセットで考えられるのではないでしょうか。

為末　おっしゃる通りだと思います。そういう前向きな議論をどんどんしていきたい。
併せて繰り返しお伝えしておきたいのは、遺伝子がすべてわかったとしてもほとんどの形質の遺伝率は30～70％程度。遺伝子だけで予測できない部分がそれなりにあるということです。
そういう意味では、仮にすべてがわかっても、状況が激変するわけではないから、恐れ過ぎなくてもいいのかもしれませんね。

自分に合う「周波数」を見つける

為末　人には生きていく中で変化しやすい部分と変化しがたい部分があって、それにも遺伝子が影響しているかと思うのですが、中でも「快／不快」という感覚は、

安藤　かなり先天的で変化しがたいものではないかという気がしています。僕の人生を振り返ると、「快」と思えなかった場面が3つありました。子どもの頃のドッジボールと、新卒での社会人生活と、会社の立ち上げ。

為末　すべて、みんなで協調して何かをする場面ですね。

安藤　「みんなで」も一生懸命やろうとしましたが、どうも向いていなかったようで。僕の場合は、1人である世界にどっぷり浸る時間が「快」で、そこにこそものすごくはまる何かがある気がしています。

安藤　脳活動、いわゆる頭を使うというのは、概念的な意味で自分と社会をつなぐ働きが大きいと言われていますが、それを担う前頭前野や頭頂葉は、表面積や厚みといった物理的な尺度でみると、遺伝率が非常に高いそうなんです。

為末　形状的な遺伝ですね。

安藤　そして、機能面もかなり遺伝の影響が大きいんです。

一方で、デフォルトモード・ネットワークと呼ばれる、脳の各部位をつなぐ中心的な役割を担う神経回路――寝ているときや休んでいるときのような言わばアイドリング状態のときに働き、自己（自分らしさ）の形成に関わる――は、遺伝の割合が相対的には低い。さらに、その人が経験してきた固有の環境（＝非共有環境）が相対的に反映されやすいのは、デフォルトモード・ネットワークに関わ

為末　る部分と言われている。つまり重要なのは、脳全体に遺伝の影響がありつつも、その人の個人的な経験が、自己の形成に大きく関わってくるということです。
　自分らしさは生きていく中で形づくられるということですね。
　少し話がそれますが、選手は大事な試合前、一点を見つめる、音楽を聴くなど人それぞれの方法で集中力を高めるんです。僕はこれって、視覚・聴覚などの受け取り方が人によって違うからではないかという気がしていました。脳をあるモードに持っていくときに、外から入る情報のパラメーターを自分で調整して「こういう状態がうまくいく」という状態を反復して学習しているのではないかと想像しています。

安藤　一卵性の双子で調べてみたいです。遺伝子が同じだから傾向としては近いかもしれませんが、自分に合う、「快」を感じるような具体的な物事は一卵性でもけっこう違っているかもしれない。
　人はみんなそれぞれ違った遺伝子型による自分なりの周波数のようなものを持っているけれど、社会は一人ひとりのことはお構いなしにできあがっているから、どこと合うかわからない中で合わせようとするしかない。

為末　要するにチューニングみたいなことをしているわけですね。

安藤　だけど教育の場では「こっちがいいよ」とある意味で親切に教えてくれて、みんな無理に同じ周波数に合わせようとする。

為末　そうすると、合う人には合うけど合わない人にはいつまで経っても合わないという状況が起こりますよね。周波数は一人ひとり違うということを踏まえたうえで、その人にとって最適な状態となる周波数を探すことが大事ではないかと思います。

安藤　1回きりの人生でこれという何かを見つけるのはすごく大変。だからこそ何らかの意味でのマイベストを見つけて、「あとのことはほどほどでもいいか」とバランスがとれるといいと思います。もちろんそうは言っても、ああでもないこうでもないと模索する部分はあると思いますが。

「快」を掘り下げる

為末　これまでの対談では、向き・不向きの異なる子どもたち全員が、本当に体育の授業で全部をできるようになったほうがいいのかという議論がありましたが、このあたりはどう思われますか。

安藤　体育・スポーツで可能な範囲内で「より速く、より高く、より強く」を目指すことはそう悪いことではないと思います。ただこういった現象の多くは、横軸にモチベーションや努力、縦軸にパフォーマンスをとると、「The more, the better」といったような直線にはならず、いわゆる「過ぎたるはなお及ばざるがごとし」でどこかに最適なポイントがある逆U字曲線を描きます（図1）。

為末　むやみに高みを目指せばいいというわけではなく、適当なところがいいと。選手も、緊張が強すぎるとパフォーマンスが下がります。

安藤　一直線であればシンプルですが、曲線の場合はどこがピークかが人によっても課題によっても違うので、探らないといけない。

為末　「この場所に居続けたい」「もっとこれをやっていきたい」と思うのは、

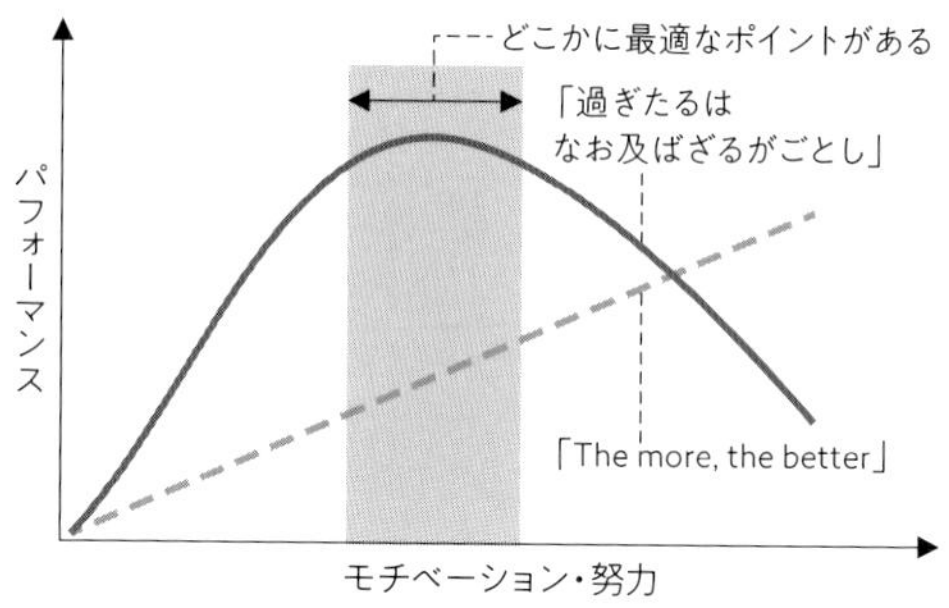

図1　パフォーマンスとモチベーション・努力の関係（イメージ）

安藤　一番心地よい最適なところまではまだ幅があって、追いかければその地点までいけそうだという感性・感覚から来ているのかもしれないですね。

為末　僕も近い考えです。ただもっと言えば、感覚的な面だけでなく、認知的な面での「快」ってありませんか。

安藤　ここをもっと掘り下げたい、探究したいというような、引っ張られるような感覚ですね。

為末　ショパンコンクールで入賞経験のある、いわゆる天才ピアニストに話を聞く機会がありましたが、彼は、幼少期に有名なピアニストのレコードを聴いて「いいな」と思うと同時に「僕だったらこう弾く」というイメージがすでに浮かんでいたそうです。加えて、どうやって手を動かしているのかという、身体的な感覚まで持っていた。つまり感覚的だけれどかなり認知的にモデルができていたようなんです。

安藤　具体的な何かがすでに頭の中に浮かんでいて、それと現実とのギャップもなんとなく見えているというわけですね。

為末　脳科学の分野では近年「自由エネルギー原理」が注目されています。僕も勉強中の身ですが、ざっくり言うと、自由エネルギーというコスト関数を最小化するように知覚や学習、行動をするという話です。

為末　脳がもっとも効率よく働くようにするということですね。どういうメカニズムなのでしょう。

安藤　脳は、外界からの刺激を受けて受動的に何かをつくり出すわけではなく、自分（脳）の中にあるネットワークに合わせて外界からの刺激に反応します。その際、脳のネットワークと外界からの刺激には基本的にずれが生じるので、そのずれを埋めるためにからだを動かしたり行動を起こしたりする。つまり脳は、エネルギーをできるだけ効率的に使える仕組みになっているというわけです。

為末　なるほど。運動神経がいい人は、ずれの幅が小さく、かつこまめにずれを埋めているのではないかと、そんな気がします。

安藤　齋藤 孝先生との対談で「粒度」というワードが出てきたかと思いますが、それに近いかもしれません。

「やめる」を選択肢の1つに

安藤　遺伝子は人が常に持ち歩いているものなので、遺伝的な素質というのはどの瞬間にも何らかのかたちで少しずつ現れていると考えられます。そして当然ですが、遺伝子は変わりません。一方の環境は、状況や場所が変わればいくらでも変わり

為末　ますよね。でも、実際のところ人間にとっての環境は、脳をはじめとする神経系が認識していて、その神経系はかなりの部分が遺伝によって形成されています。要するに、普段無意識に感じている環境へのセンシティビティ（内的な感覚）は遺伝的な素質に引っ張られているから、その人がもっともいきいきしているときに関する重要な情報と言える。

自分が幸福だと思える環境を、自分で選んでいると。教育の文脈で捉えると、様々な環境に対して豊富にアクセスする機会を提供することが、漠然とでも自分の得意、好きを見つけるプロセスになるかもしれません。

安藤　でも教育の場で「これ、僕には向いていなさそうです」と言っても「頑張れ」と言われてしまいそうな気もする。体育でも「できた」は子どもたちの自信につながると思いますが、「やればできる」と後押しされ、できないことを頑張り続けたけれどもできなくて失う自信もあると思います。そんなとき、「必ずしも君の努力不足ではない」と言ってあげることもできるけれど、あまりにもそんなふうに整理し過ぎると、向いていないからと早々にやらなくなってしまうことも起こり得る。このあたりのさじ加減は、体育で出てくる難しさではないでしょうか。

世の中にはやることが無限にあります。体育にもいろいろな種目があるし、体育以外の科目もあるし、学校の外にもいろいろある。それに、ある時点ではできないけれど成長したらできるようになることもある。とはいえ時間には限りがあるので、誰しも、無数の選択肢の中から非常に限られたものを選ぶしかない。そう考えると、できないことに早く気づくことは悪くないと思います。

僕は中学時代バスケ部でしたが、最後までボールを手で操れる感覚は持てなかった。そんな僕はおそらくバスケに向いていなくて、でも当時の自分には諦めるという発想がなかったので、うまい子たちと比べながら劣等感を持ち続けていました。

為末 「最上じゃないと意味がない」という思い込みが生み出す苦しみですね。

安藤 教育学の理論として「そこまでで学ぶのをやめてもいいよ」という考え方を正当化できるロジックをつくれないかと考えています。

為末 それは面白い。今の教育には途中でやめるという選択肢は基本的になく、始めたらやり続けるしかないですから。

その観点も踏まえ、体育の授業をアップデートするとしたら、どうなると思いますか。

安藤 ここまでの議論を踏まえれば、学校で新しい種目をやることは言わば「テイスティング」になるのではないかと思います。

為末 できるようになることにこだわりすぎず、1つのきっかけと捉えるということとですね。

安藤　どんなクラスにも体育の得意な子と苦手な子はいますよね。得意な子を間近で見て、「こんなに速いのか」「こんなに跳べるのか」と感じられることに意味があると思います。ただしそのときに「自分もああでなければならない」とはならなくてもいい。できなくても、できるプロセスに触れる、想像することが、直接的でなくても何らかのインスピレーションになるのではないでしょうか。

為末　初回の伊藤亜紗先生の「スポーツの翻訳」のお話に通じる気がします。

編集部　少し視点を変え、教師の多様性についてはどう考えられますか。たとえば体育の先生といっても、スポーツが得意な先生もそうでない先生もいらっしゃるかと思います。

安藤　子どもたちの個性を尊重することは、教師の個性を尊重することにもつながると思います。本誌を読まれる先生方は、いろいろな指導方法を学ばれていると思いますが、結局は自分にとってより教えやすい方法を見つけていくことが大切ではないでしょうか。もちろん、その指導方法が合わない子もいるとは思いますが、先生は1人ではない。先生も子どもたちも、それくらい軽やかに向き合えるといいのではないかと思います。

子どもに運動を教えるって難しい！

2022年9月20日収録

三輪佳見（みわ・よしみ）

1959年生まれ。宮崎大学教授。

専門は運動学。約40年間子どもの運動指導に携わり、その実践記録をまとめた『「先生、どうやったらできるの?」と聞かれたときに読む本』（大修館書店）を2022年に上梓。

その動き、「誰」にとっての、「いつの時点」での正解？

為末　今回は子どもの運動指導の専門家である三輪先生をお招きしました。三輪先生がご専門にされている「運動学」とはどういう学問なのでしょうか？

三輪　簡単に言えば、運動している人を出発点にして、その人がどんなことを感じながら運動に取り組んでいるのかを解明しようとする学問です。為末さんはこの連載でスポーツを「身体と環境の間で遊ぶ」と定義されているようですが、考え方が近いなと思っています。運動学で言うところの「環境」は、客観的に与えられたものではなく、運動する本人が変わることによってその在り方も変わると考えます。

為末　環境と自分が総体化している感じですよね。ジェームズ・ギブソンのアフォーダンスの発想に近いなと思いました。

三輪　ごく当たり前のことですが、子どもの運動指導には個別性があって、同じ課題や練習プログラムを与えても、個人個人で受け取り方や感じ方は異なります。加えて、同じ1人の子であっても発達性を考慮する必要がある。このことを説

為末

明するとき、私はよく赤ちゃんを例に挙げます。赤ちゃんは生まれて4か月くらいでモノに興味を持って手を伸ばすようになります。その後モノを握るようになるんですけれども、最初はいわゆる鷲摑みしかできない。それがだんだん親指とそれ以外の指が向かい合う握り方になって、ついには指1本1本が独立して動かせるようになり、2本の指でつまめるようになる。なぜそういうふうに発達するかというと、赤ちゃん（運動する人）のやりたいことが変わるからですよね。大きいものが摑めるようになったら、次は小さいものを摑みたくなるというように。

子どものランニングを観ていると、多くの子どもが、足が若干後ろに流れるんですね。理想は前に素早く運べるようになることなんですけど、よく考えてみると、おそらく腸腰筋群や体幹部分が十分に発達していないから、そんなに早く前に運ぶことができない。

この大人から見た〝欠点〟は、直そうと思えば直せるんですけど、そこで直した子どもがいざ大人になったとき、逆に足が返りすぎてしまうことがあるんです。力の出し方を変えたわけではないのに、子ども時代とは骨格などの条件が異なるから、違ったアウトプットになってしまうんだと思います。

子どもの動きの欠点に気づいたとき、からだが発達することで適応していくだろうと考えてちょっとしたズレはあえて見過ごすのか、それともその時点で直し

三輪　てしまうかの判断が難しい。

私の考えでは、今その時点でその人が学習すべき動きがあると思っています。私は競技者よりは学校や幼稚園の一般的な子どもを教えることのほうが多いのですが、学校現場では、副読本という体育実技を教えるための教科書みたいなものが使われていて、そこには、ある程度専門的に競技をする人たち向けの動きの技術が書いてある。私はその内容が、生徒が学ぶべき動きなのか疑問に思っています。だから私の運動指導では、今目の前にいるこの子たちにとってはどんな動きを目標にすればいいのかを考えるようにしています。それを考えるには、対象となる運動では何が求められているのかをまず明らかにしないといけない。

動きの〝要〟を見極める

為末　僕のやってきたハードル走の成立条件を考えてみると、いくつかあるとは思うんですけど、結局2つの要素に絞れて、「勢い」と「リズム」だと思うんです。一見重要そうな手足はじつはそこまででもない。

こんなふうに「ここさえ押さえたら」「要するにここなんだよな」という〝要〟が各運動にはあるんじゃないかなと思います。そういう絞り込みができると、指導者は目の前の子どもを観ながら、「この子は要の部分ができていなさそうだな」とか「この子は要の部分は簡単にできているから、もう少し細かいことを教えてみよう」とかの判断がしやすくなる。

三輪　まったく同感で、各運動で教えるべき中核的な内容を明らかにすることは、研究者の立場からも非常に重要だと思っています。と同時に、その要をどう教えるかも考えなければいけません。

為末　その作業もセットですね。

三輪　僭越ながらこの春出版した本(『「先生、どうやったらできるの?」と聞かれたときに読む本』)の中でハードル走のことを書きました。教科書に出てくるハードル走では、ハードリングの際のポーズや抜き足の技術が書かれている。でも、6、7時間程度の体育授業であの動きが身につくとは到底思えません。ここに、限られた時間の中で身につけさせなければいけない動きは何なのかを明らかにする必然性があります。

そこで子どもたちのハードル走をよく観ていると、ハードルを跳んだ後に減速するんですね。ハードルを跳んで、走る……という感じ。これを「ハードル走」、つまりできるだけ走る動きに近づけると考えたときに、跳んだ後の「着地」と「走」という2つの局面のつなぎの部分にメスを入れたらいいのではないかと思

為末　ったんです。
　それでいくと、着地をした瞬間の足とからだの位置関係が大事になると思います。着地した瞬間に足よりからだが前にあると、次の1歩をすぐに出さざるを得ない。逆に、からだが足より後ろ側にあるとブレーキになって減速につながる。

三輪　なるほど。

為末　じゃあその位置関係がどこで決まるかっていうと、ハードルを跳ぶ瞬間だと思います。跳ぶ瞬間に怖がって後傾した状態で跳ぶと、からだは前には出てこない。つまり、跳ぶ瞬間に自分がどのくらいハードルに対して傾いているかがその後のすべてを決める。僕が子どもたちを教えるときのポイントはここです。

三輪　具体的には、どんな指導をされるのでしょうか？

為末　最初は「上にジャンプしよう！」と言います。ハードルはハードルすれすれを低く跳べると良いと言われるのですが、そういうことは言わない。何度か「上にジャンプ」をやって、怖さがなくなってきたところで、「ハードルの上に襖があるからそれを蹴破るように跳んでみよう」という順番です。今のところこれが最もいい方法なんですが、それでもやっぱりうまくいかない子もいます。

三輪　私の実践は中学生が対象だったのですが、最初に「台から跳び下りて走る」という課題をやらせてみたら、どうやら面白くないんですね。授業だから仕方ない

為末　といった感じで適当に走る。

三輪　中学生だとそうでしょうね。

為末　そんな子どもたちから、こちらがねらっている動きを引き出すには何らかのしかけが必要です。それで思いついたのが、台を跳び下りた少し先にセーフティマットを置くことでした。この実践の前に行った走り高跳びの授業で、分厚いセーフティマットの上に跳び上がる課題をさせたときに、生徒が口々に「気持ちいい」と言っていたのを思い出したんです。ふかふかの布団があったら飛び込みたくなる、それに近い感じなのでしょう。

そこで、分厚いマットを先のほうに置いて、「台から下りたら走っていってマットにドーンと飛び込もう！」と言ったら、多くの生徒が勢いよく走り出すようになって、こちらがねらった動きに近づいていきました。

着地したその先にターゲットを置く、つまり外的環境を変えることでねらった動きを引き出すアプローチということですね。ちなみにマットがあるのはどの位置ですか？

三輪　着地して3歩の位置です。

為末　なるほど。僕も「腕の角度はこうだよ」などとダイレクトに働きかけるアプローチではなかなかうまくいかないことが多いので、参考になります。

三輪　私は言葉というよりは、道具や条件を変えて、この子たちはこの課題だとどんな反応をするのかをよく観察しながら、その子たちなりの学習の道すじを考えるようにしています。

現実に即したこれからの運動指導

為末　幼児の運動指導もされているとのことですが、小中高生に対するアプローチと異なる部分はありますか？

三輪　対象年齢が低ければ低いほど、この子はどこまで発達しているかを丁寧に観るようにしています。

為末　幼児の運動発達は研究レベルでクリアになっているのですか？

三輪　残念ながらなっていません。じつは運動学の古典的な教科書である『マイネル・スポーツ運動学』には、小学校に入学するまでには、スポーツで行われるような基本的な動きはそろっていると書かれています。しかし最近の子どもの運動経験や運動能力は二極化していて、どこから教えればいいのかわからない子どもに出会うことが少なくありません。原著がもう50年も前の本なので仕方ないのですが、それ以降あまり研究が進んでいないのが現状です。

為末　運動経験が乏しい子は昔よりも多いんだろうなと想像がつきます。一方で、たくさん運動している子、また何かに特化している子も出てきている。

三輪　昔と比べて、子どもの遊びが変わったことが影響しているのは間違いないと思います。

為末　運動指導は言語の指導に似ているなと感じます。言語の場合、ざっくり言えば、聞いて話せば上達するといった自然がすべて教えてくれるという立場と、一方で、きちんと介入して文法などをロジカルに教えるべきだという立場がある。実際にはこのグラデーションの中で成り立っているんだと思いますが。
　こう考えたとき、昔と今では子どもが育つ環境（自然）が変わっていて、まして都会の環境を昔に戻すことは現実的ではないとすると、今でこそ体育でやらなければいけないことがあるのではないかと思います。

三輪　私が幼児を教えるときは、保護者も一緒に来てもらうようにしています。経験的にわかったことですが、保護者にちゃんと教えると、子どもはできるようになるんです。

為末　保護者の役割は大きいですね。保護者向けに遊び方のパッケージみたいなものを提供できるといいのかもしれない。

三輪　為末さんがおっしゃる、自由（自然に任せる）と介入のグラデーションのちょ

為末　うど真ん中に、昔はグレーゾーンがあったんじゃないかと思うんです。昔は年齢の違う子同士で遊んでいましたよね。

三輪　模倣があったわけですね。

為末　そうです。小さい子にとっては真似する対象がいて、できないことがあれば、お兄さんお姉さんがやってきて、お手本を見せてくれたり教えてくれたりする。今はそれがないので、どうしても保護者が関わらないと難しいんだろうなと思います。

運動指導は「できる」を目指すだけではない

為末　先程、二極化のお話がありました。小学校に入った時点ですでにばらつきが大きいと。そんな中で体育授業をするのはとても大変なことですよね。

三輪　これは器械運動の話ですけれども、授業ではよく「自分の能力に合った技を選んで学習をする」んです。そうすると、こっちには側方倒立回転をやっている子がいて、向こうでは倒立前転、その奥で後転をやっている子がいるような状況になる。こうなると、教えられないですよ。どの子が何をやっているかを把握するだけで1時間の授業が終わってしまう。

為末 だから私は、たとえばみんな前転をするんだけど、ある子は手をつかないでやってみる、またある子は立つときに片足で立ってみるといったように、どんな条件で技に取り組むかを個の能力に合わせられるように課題を提供するようにしています。そして、まだできていない子には手厚くアプローチをする。

そもそもの話になるんですけど、できる／できないって、どういう基準で判断されるんですか?

三輪 私の場合は、自分が伝えたい言葉が伝わっているか、ねらった動きになっているか、ですかね。ただそれ以上に、私(指導者)が働きかけることで、その子にとっての運動の意味が変わることを大切にしているかもしれません。

ずいぶん昔の話ですが、ジュニアのスポーツ選手を指導していたときに、何を言っても同じような失敗を繰り返す子がいました。若かった私はなす術なしです ごく困っていたのですが、あるとき、その子が今までとは違う失敗をしてくれたんですね。私はそれに感動して褒めました。「いい失敗だね」って。この経験から、指導しているこの子が変わることを考えないといけないなと思うようになりました。

為末 私は子どもたちにハードルの指導をしていて、このやり方はだめだなと思って、

三輪　じゃあ次どうしようと考えているうちに、その子になってみるとどんなふうに世界が見えているのかを想像することが重要なんじゃないかと思ったんです。当然限界はあるんですけど。

他にも意識していることはありますか？

三輪　できるだけ多くの課題にチャレンジさせること、繰り返し同じ課題をさせないようにすることです。単純に飽きさせないためでもありますが、もう1つ理由があって、ある運動をしたときの感覚は、意識していなくても、あるいは言葉に出てこなくても、一度やったことはからだのどこかに潜んでいるんじゃないかと思うんです。それを様々な課題に取り組ませることによって蘇らせるというのか…。「あれ、この動き、前にもやったような」という感じが子どもから出てくればしめたもの。

為末　指導の在り方でいくと、「日本語を教えるのが難しい」ように、「できるけどわからない」問題がありますよね。ある競技を専門的に行ってきた人がその競技を教えようとするとうまくいかないことが多い。

三輪　私は、大学では体育教師を目指す大学生を指導していますが、そのパターンは多いですね。特に小さい頃から競技をしてきた人は、物心がついたときには動きを習得している。つまり自分がどのように学んできたかを覚えていないんです。

為末　そんな学生に対して「運動が苦手な子どもの世界を理解できるようになろう」と言ってもなかなかピンとこない。教員養成の大きな課題の1つです。

また、ここまでの話は陸上や器械運動には通じると思いますが、球技などのチームスポーツになると違った難しさがある。

大人になって楽しむスポーツは、人を集めるのが大変だからというのもあり、圧倒的に個人競技が多いです。ランニングをはじめ、スキーやサーフィンなど個人でできる運動に取り組めたら、運動を楽しむことはもちろん、心身の健康を保ったり、自己肯定感を高めたりすることはできるんじゃないかな。その土台の上でチームスポーツが上に乗っかっているような捉え方でもいいんじゃないかなと思ったりもしますけどね。

できない子を見たとき、まず何を考える?

三輪　数十年前から言われていることなんですが、転んだときに咄嗟に手が出なくて顔を怪我してしまう子どもがいます。

為末　よく聞きますね。

三輪　どうしてこういうことが起こるかを考えていたときに、運動が苦手な5歳児とそのお母さんとお話をする機会がありました。「大変失礼なんですけど」と断ったうえで、手と足の四つ這いで歩いてみてもらったらその姿勢を維持できずに潰れてしまったんですね。「5歳児なのにおかしいな」と思ってお母さんに伺ったら、どうも這い這いをする前に立つようになったことがわかった。子どもの運動発達を観察してきたことを振り返ると、這い這いをしていた赤ちゃんでも、ひとり歩きを始めると、たとえ移動するのが遅くても歩くことを選びます。

このとき、転んだときの対処がうまくできない子というのは、這い這いや、立ち上がってみたもののうまくいかなくて手をつくといった、本来赤ちゃんのときにしているはずの経験が乏しいのではないかと気づいたんです。

為末　今のお話は、運動指導を考える際の大きなヒントを含んでいるのではないかと思います。ある動きができない子どもがいたとき、その子のこれまでの運動の歴史をたどる。それで足りていない動きがわかれば、今の例で言えば這い這いに近い動きを指導することで対応ができる。

ただ、中高生だと、今さら取り戻せない動きもありますよね。

三輪　そうですね。特に逆さまになる動きは、小さいうちに経験していないとなかなか厳しい。あとは、足元が動くスポーツ。大人になってから自転車に乗るのは相

為末　当難しいですよね。だから、スケートやスキー、サーフィンなどどれか1つでいいので、小さいうちに経験しておいてほしいなと思います。

三輪　学校にこんな器具・遊具があるといいなと思うものってありますか?

為末　附属小学校にある「足のつくつり輪」はいいなと思います。鉄棒につながる感覚がつかめますし、先程言った逆さまになる動きも経験できます。それと、クライミングロープ。遊び方を工夫すれば、子どもたちは嬉々として取り組んでくれます。

子どもに〝なってみる〟と見えてくるもの

編集部　おふたりに質問です。対談の中で三輪先生は、運動学は「運動している人を出発点にする」、為末さんは「その子になってみると世界がどう見えているかを想像する」とおっしゃいました。子どもの運動指導を考えるにあたってとても示唆に富む言葉だと思います。いったいどうすればそういうふうに考えられるようになるのでしょうか。

三輪　「経験」と言ってしまうとなんの答えにもならないけど、とにかく子どもの動

為末

きを一生懸命観ることですね。私の場合は、父親として3人の子どもを育てた経験が大きかったと思います。子どもって、できなかったら「お父さんが悪い！」ですから。

私の場合、考えられるのは3つです。1つ目は、個人的な性質で、もともと共感が強く、人の感情とかにも興味があってそういう本もたくさん読んできたので、相手の立場や見え方を想像する力が若干強いのかなということ。2つ目は、母親の影響です。すごく人の話を聞く人だったんですよ。なので私も、母ほどではないですが、人の話を聞くことを大切にしている。3つ目は2つ目と重なりますが、スポーツの世界を離れて、スポーツが本当に苦手・嫌いな人と接点ができて、そういう方々の体験話をよく聞いたことです。

三輪

最後に一言いいでしょうか。子どもの体力低下、二極化、これは様々なデータが示すように事実です。しかしだからといって、子どもの学習能力まで低下しているとは思わないんですね。教える人がきちんと関われば、きっとこの問題は解消していけるはずだと思っています。

13歳からの
「体育」思考!?

2022年12月20日収録

末永幸歩（すえなが・ゆきほ）

美術教師。東京学芸大学個人研究員。

武蔵野美術大学卒、東京学芸大学大学院教育学研究科（美術教育）修了。初めての著書『「自分だけの答え」が見つかる13歳からのアート思考』（ダイヤモンド社）は20万部を超えるベストセラーとなっている。

美術と体育の共通点

為末　今回はベストセラーになった『「自分だけの答え」が見つかる13歳からのアート思考』の著者である末永幸歩さんをお招きしました。この本はビジネス界で注目されている「アート思考」のプロセスを中・高校の美術の授業をベースに解説したもので、僕も1年以上前に拝読し、とても学びの多い本でした。

末永　そのように言っていただけて嬉しいです。

為末　末永さんは小さい頃から絵を描くことが好きだったのですか。

末永　そうですね。父がフリーランスでイラストレーターをしながらパントマイムをやったりサックスを吹いたり、とにかくいろいろなことをしていました。子どもの頃は「お父さん、何やってるんだろう」と思っていましたが、今考えると「表現」でつながっていたのかなと思います。そんな家庭環境だったので、自然と絵を描くことやものをつくることが好きになりました。

為末　僕は絵を描くのが苦手だったので、美術の授業は嫌いでした。上手に絵が描けるか、創作できるかの競争みたいな雰囲気だったこともその要因かもしれません。でも、ご著書にあるように、アート作品の背後にあるアーティストの意図やその

末永 作品がアート史の中にどう位置づけられるのか、またそれが人々の価値観をどう変えたのかといった、絵が上手／下手とは異なるアートの面白さを味わうような授業だったら、美術が好きになっていただろうな。

ちなみに、体育についてはどうでしたか。

末永 私は外で遊ぶことも好きで、自然の中にいることが大好きでした。丸太渡りやアスレチックは大の得意。でも不思議なことに、体育でやる鉄棒やかけっこが苦手で、運動会はいつも最下位。嫌な思い出です。

為末 美術も体育も、どうしても上手／下手といった技能的な部分がフォーカスされがちです。けれど深く考えると、今の社会で必要な力を育める教科であると思う。今日はそんなお話ができればと思っています。

本題に入る前に確認なんですけど、アートと美術、芸術ということばはどう使い分けていますか。

末永 私の場合、学校（中・高校）の授業に関して言うときは美術、それ以外はアートを使います。アートと芸術は近いと思いますが、芸術には音楽や文学も含まれますよね。

為末 芸術には感性を発露してる感じがありますね。自分の内側にある感性をある技法を介して表現している。体育のダンスも芸術だと言う場合があります。

学校関係者以外に教科の魅力を伝える

為末　元々は美術の先生をされていたんですよね。

末永　公立中学校に勤めていました。先程も言いましたが、私は絵を描くことやものをつくることが大好き。それに自分が受けてきた授業もそうだったので、教師になってすぐの頃は、為末さんが嫌だなと思ったような授業をしていました…。

為末　それが変わったきっかけは？

末永　もう少し自分の制作をしたいなと思って、一度常勤の教師をやめて大学院の絵画研究室に入り直したんです。

けれどそこには、既存の描き方の腕を磨き、コンクールで入賞しようといったモチベーションで制作をしている人が多く、なんとなく違和感があって馴染めませんでした。それで制作からは少し離れてしまったのですが、美術史や美学に関するいろいろな本を読んで、これまでのアーティストたちの作品の裏側には何があるのか、どんな過程を経て作品がつくられたのかといったことに興味を持ったことで、それ以前は制作する側から捉えてきたアートを別の角度から考えることができるようになりました。

特に20～21世紀のアートはパッと観ただけではよくわからない。上手ということばだけでは片づけられない作品（①）の裏にある、アーティストが世の中やアートに対してどんな疑問を持ち（②）そこからどんな探究をしていったのか（③）という、②と③の過程こそが重要であるのではないかと思いました。私の本の中では、①を「表現の花」、②を「興味のタネ」（アート活動の源）、③を「探究の根」という言葉で表現し、アートの本質は②と③にあると書きました。

為末　「表現の花」がアートだと思っていたので、プロセスこそがアートだというのは、僕みたいな素人にはとても意外でした。

末永　大学院では、造形ワークショップを行う機会にも恵まれました。そこでは学校の授業と比べるとより自由なことができたので、大学院の仲間たちと自分たちがやってみたいことにチャレンジしていました。すると学校教育に対して大きな疑問を持つようになってきた。具体的には為末さんがおっしゃった、知識や技能の習得に偏った教育の在り方です。当時は非常勤で美術の授業もしていたので、教育に対しての疑問やワークショップで得られた成果を授業に徐々に反映していきました。それが本に書いた内容の元になっています。

為末　本にしようと思ったのはどうしてだったんですか。

末永　私の個人的な想いや体験が元にありますが、そうして形になっていった授業は、子どもの主体性を尊重しようとする学習指導要領の指針に沿うものであると考えています。でもやっていることは一般的な美術の授業とはずいぶん違ったので、周りの先生たちからはなかなか理解を得られませんでした。そこで私の授業を、一部分ではなく、一連の流れを持ったものとして知ってもらえるように本をつくってみようと思ったんです。

為末　実際にはビジネス書として出版をされていますが、ということは、初めは教育書としての出版を考えていたのですね。

末永　本を書くと決めて最初に考えたのは、自分の周りの先生方に私の授業のねらいを理解してもらうことでした。ところが文章を書いていくうちに、アートの考え方（アート思考）は教育者や子どもたちだけではなく、広く一般の人やビジネスパーソン——具体的にイメージしたのはアートとは無縁の夫でした——にも面白いと感じてもらえるんじゃないかと思ったんです。

為末　出版後の反響は？

末永　初めはビジネスパーソンに売れていたんですけれど、次第に教育界の人たちにも読んでもらえるようになりました。教育関係の研究会で講演を行うことも増えましたし、入試問題や教科書で扱っていただいたりもしています。つまり逆輸入なんです。おそらく学校の中だけで頑張って伝えようとしても伝えきることはで

為末　きなかったと思う。いったんフィールドを変えて、違う立場の人たちに伝えたからこそ教育の世界にも広げていくことができたのではないかと思っています。

美術関係者の方にとっても、外の世界の人から「美術って面白いね」と言われるきっかけになったはずなので、受け入れやすかったんじゃないですかね。

末永　本に自身の連絡先を書いたことによってたくさんの読者の方からご連絡をいただきます。中でも多いのは美術の先生。美術は学校行事があるときに真っ先に授業時間を削られたり、他教科の先生と授業に関してディスカッションすることも少なく、モチベーションを保つことが難しい。他にも様々な悩みを抱える現場の先生方が、本を読んで、あらためて美術の可能性を見出し、また頑張ろうと思ったと言ってくださることがとても嬉しかったです。

ルールをはみ出る創造的行為

為末　末永さんの本を読みながら、アートをスポーツに当てはめたらどうなるだろうと思っていました。オリンピックを頂点とする今のスポーツは、形がかっちりと固まった状態が続いていて、本の中にも登場する、便器にサインをし、『泉』と名づけただけのものをアート作品にしてしまったマルセル・デュシャンのように、

末永　「これをスポーツと言うのか！」といったチャレンジングな提案が最近はほとんど見られません。

為末　末永さんには体育やスポーツはどう映っていますか。

末永　ステレオタイプな見方になってしまいますが、ルールに沿ってやることが前提なんだろうなと思っています。

為末　じつはスポーツの歴史をみると、ラグビーが生まれたのはサッカーをしている最中にボールを手で持って走り出した人がいたからだという説があります。
　また、スポーツの原型とされる遊びだと、たとえばドッジボールをするときに、からだが大きくて投げるのがものすごく上手なお兄ちゃんがいたら、そのお兄ちゃんは利き手じゃないほうで投げるといったルールが加わる。このような、みんなが面白くするためにどうすればいいのかを目指して行う「調整」はとてもクリエイティブで、違う言い方をすると、民主主義的だなとも思います。

末永　ルールをつくる、調整をするということは、ものごとの一番楽しい部分だと思いますが、学校では先生がそれを独り占めしてしまっているのではないかと思います。

為末　先生が子どもに「どうやったらいいかな？」と投げてみてもいいのかもしれませんね。

末永　そう思います。これは放任とは異なります。ある程度計画は立てるんだけれど、子どもたちが探究していく方向に応じて臨機応変に、柔軟に変えていく。ゴールのイメージは持っておくんだけれど、変わってもいい。その過程で、先生も子どもとともに迷い、考え、探究していく。そんなスタンスが理想だと思います。

為末　関連して、「自由」と「制限（制約）」のバランスをどう考えていますか。たとえば「どうぞ自由に原っぱで遊んで」と言われると、意外と何をすればいいのかわからなくなって動けなくなりますが、「原っぱのシロツメクサの上しか移動しちゃいけないよ」と制限をかけられると、面白くなってつい動き出しちゃう。つまり、制限があったほうが動き出しやすいことがある。

末永　アートにおいても制約は大事です。すべて自由にすると、自分が今持っている力の範囲での自由になるので、逆にすごく不自由ということにもなりかねません。

そこで私の授業では、たとえば「色紙だけを使って表現してみよう。ペンは使わないよ」と制約をかけることがあります。ただしこのとき、この制約が何のためにあるのかを考えておく必要があります。

なぜこんなことを言うのかというと、制約をかけた状態で活動し始めてある程度時間が経つと、「僕はやっぱりペンを使いたい」と言う子どもが出てきます。このとき、「いやいや、色紙だけだよ」と応えるのか、「わかった。制限はとっぱらっていいよ」と応えるのか。私は後者です。なぜなら活動の目的は最初から最後まで色紙で表現をすることではなくて、自分なりに探究して、自分なりの答えを見つけることだから。

為末　まさにルールの外にはみ出る創造的な行為ですね。一方で、「色紙だけでやっているのにペンを使うのはずるい」と言う子も出てきますよね。みんな制限を守っているんだから、君も守らないといけないよと。

末永　そこの兼ね合いにどう向き合うかが大事です。他の子どもたちに制約はとっぱらってもよかったということをどう伝えるか、制約を破った子どものことを認めるためにどんな働きかけをするかということは、普段からの授業の雰囲気や子どもとの関係づくりによるところも大きく、教師に問われます。

美術の評価、どうしてますか？

為末　これまでの連載で、体育や教育はこうあったらいいねというお話をしてきたのですが、毎回ネックになったのが評価です。美術の評価はどうなっていますか。

末永　評価は本当に難しいです。美術の場合、一般的に最終的な作品に比重を置いた評価をすることがほとんどです。でも私は、やはりその作品に至った過程に目を向けたい。

為末　具体的にどんな方法で？

末永　授業の中で興味を持ったことや疑問に思ったこと、ディスカッションの時間に友達からもらったメッセージなどを、その都度机に置いておいた付箋に書く。それを全部、各自スケッチブックに貼ってとっておくようにします。この記録は、私が読んで評価するものではなく、自分のためのもの。だから言葉も適当でいいし字も汚くていい。そして最後に、蓄積した記録を見ながらこれまでの授業を各自が振り返り、自分で自分自身の活動の意味を見出していきます。それを文章でレポートにまとめて提出してもらい、評価の材料にしています。ちなみに作品（表現の花）は、あくまでも参考資料という扱いです。

為末　レポートにはどんなことを書くんですか。

末永　私のほうから、自分の考えがどう変化したのかに着目して書くようにと伝えます。その変化自体が大事で、どんな変化をするのかに優劣はないんだよと。

為末　連載の中では、評価は受験とつながっているためにレーティング（格付け）になってしまっているという話もありました。受験がある以上、国語・数学・英語・社会・理科のいわゆる受験科目は、どうしても目標や内容をきっちりと決めざるを得ないのかなという印象がある——最近は受験改革も進んでいるようです

末永　が。一方で、受験と無関係ではないと思いますが、一定の距離をとっている体育や美術は、これぞ「教育」ということが比較的しやすいんじゃないかなと思う。そういう意味では、いいポジションにいるのかもしれない。

美術は、自分の興味に向き合ったり探究したりすることが一番しやすい教科だと思っています。そんな教科であるにもかかわらず、受験科目と同じように正解がある、うまい絵こそがいい絵だという価値観が依然としてある。そこは変えていきたいと強く思っています。これまでの連載を少し読ませてもらって、体育にも同じように何かしやすいことがあると思いますので、お互いそういう方向に向かえるといいですね。

「自分の答え」を見つけるための技法

為末　僕も時々学校で授業をする機会をいただいて、子どもたちに、「好きなものは何？」「将来何になりたいの？」と聞くんです。すると、「○○！」と言った後に、理由を説明する子が多い。僕の感覚だと、好きなものなんてごく主観的で、そこに理由も何もないと思う。だから、ただただ好きなんだって言いきってしまえばいいのに、と思ってしまう。

末永　年齢によるかなと思います。13歳頃が目安だと思いますが、年齢が低い子であれば、自分の答えがあればそれで十分。その答えはその子から出てきたものだと判断できるので。一方で、年齢が高くなると、「私はこう思う」と言いきったものであっても、じつは本当に自分が思ったことではない、思い込みである場合もあります。なのでいったん、主観だと思っていたものを疑うことで、より深い自分の答えを探していくといいのではないかと思います。

為末　年齢が高くなれば、保護者や社会の期待を取り込んでしまっている場合もありますからね。

ふと思ったんですが、アート思考とキャリア形成はつながられると思いませんか。僕はアスリートのセカンドキャリアの支援をやっているのですが、アスリートに限らず、今の時代、多くの人のキャリアが多様化しています。そのとき、自分がどんな技術を持っているかも大事だけれど、最後は自分はどう生きたいのかという感性の話になると思う。

末永　「あなたはどう生きたいの?」と質問をされて出てくる最初の答えは、大抵の場合、自分の答えではないのではないでしょうか。だから何度も質問を繰り返すというのが有効だと思います。繰り返すことで、当人の中で自分を疑うという工程が出てくると思う。また、思い込みを取り払うためには、あえてひっくり返してみるといったプロセスもあっていい。

為末　ひっくり返してみるとは？

末永　同様のことをアート作品の鑑賞の授業で行っているんです。作品背景をあえて無視して、作品自体と会話するかのように鑑賞するときには、まず、自分の感覚で作品を観て、気づいたことや思ったことを時間をかけてたくさん書き出すことから始めます。その後に、「そうじゃないかもしれない」というワンフレーズを入れて、書き出したものをひっくり返してみる。するとまた全然違う見方になっていきます。

為末　一度時間をかけてこれだと思ったものがあっても、「そうじゃないかもしれない」とあえて疑うことで、さらに深みに入っていける。

末永　ピカソの言葉に「すべての創造は破壊から始まる」という言葉がありますが、まさにそういうことだと思います。

内側の感覚に「全力」で向き合う

為末　最後に1つ伺います。アートの世界だと「全力」ってどんなニュアンスで使われますか。というのも、子どもに「全力で大声を出して」と言えば大声を出せるんだけど、大人だとそうはいきません。要するに社会を生きていくということは、いろいろな調整や、時には抑制も必要で、次第に全力を出すことがなくなっているんじゃないかと思う。一方でスポーツをすると、躊躇せずに全力を出せる。それが心地よくて、スポーツに取り組んでいる人も多いんじゃないかと思うんです。

「全力」の反対語は「諦める」じゃないかと思います――為末さんのご著書『諦める力』でおっしゃっていた前向きな意味での「諦める」とは違って、消極的な意味での「諦める」です――。私には2歳半の娘がいますが、娘といると自分がいかにいろいろなことを諦めているかを実感します。娘は何事に対しても全力なんです。たとえばコンビニでジュースを選ぶとき、私が「まあこれでいいか」と一瞬で選んでしまうのと対照的に、娘はとても迷う。こんな些細な選択にも全力で取りかかっているんです。私はその娘の姿がとてもいいなと思う。自分の内側から湧いてくる感覚に誠実に向き合っているということだと思うからです。

じつはアーティストも、ふと抱いた疑問やちょっとした興味を、周りからはそんなのどうでもいいじゃないかと言われても、誠実に向き合って考え続けている。そういう姿勢は子どもと似ていて、全力で自分の興味のタネに向き合って探究の根を生やしていっているんだと思います。

末永

3章

たかが体育、されど体育。

「マスク世代」の子どもに体育は何ができるか

2023年3月22日収録

明和政子（みょうわ・まさこ）

京都大学大学院教授。博士（教育学）。京都大学霊長類研究所研究員等を経て現職。

専門は比較認知発達科学。文部科学省 科学技術・学術審議会委員、こども家庭庁 こども家庭審議会臨時委員、日本学術会議連携会員。著書に『ヒトの発達の謎を解く――胎児期から人類の未来まで』（ちくま新書）ほか多数。

子どもは大人のミニチュアではない

為末　今回は明和政子先生をお招きしました。昨年10月に出版された『マスク社会が危ない――子どもの発達に「毎日マスク」はどう影響するか？』は、育児・教育に関わる人たちの間で大きな反響を集めています。

明和　ありがとうございます。

為末　この本を書いた問題意識をお聞かせいただけますか。

明和　3年間、私たちは「毎日マスク」で過ごしてきました。この環境は子どもの脳と心の発達にとってリスクが高いのではないかと感じました（詳細は後述）。コロナ禍で、国の施策に関わっている方が、「マスクをしていても、日本人は目でコミュニケーションをするのが得意だから大丈夫」とおっしゃった。このような理解のレベルで国の施策が進められている状況に危機感を抱きました。大人はそうかもしれませんが、生後間もない子どもが目だけでコミュニケーションをすることはできません。世界を見渡せば、子どもと大人は異なる脳を持つ存在であるという科学的理解を重視し、施策に活かしている国もあるのですが。

為末　「子どもの脳は、大人のミニチュア版、小型版ではない」と指摘されているところですね。

明和 すでに完成した脳を持っている大人と、環境の影響を大きく受けながら脳を発達させていく途上の時期にある子どもとでは、マスク社会の影響は大きく異なります。この本を書いた理由は、まずは、ヒトの脳と心がどのように育まれるかを科学的に理解してもらいたいという思い、そして、マスク着用の問題に限りませんが、日本社会が、大人にとって都合が良いという価値観だけで推し進められているると感じたからです。脳科学者として、また1人の親当事者として、傍観しているだけでいいのかと自問してきました。

個性はどううまれるか

為末 ご専門の「比較認知発達科学」とはどんな学問ですか。

明和 「比較認知科学」と「発達科学」を掛け合わせた学問です。比較認知科学は、ヒトを知るために、他の生物と比較します。ヒトはヒトだけ見ていてもわからないことが多いんです。しかし、ヒトに最も近縁種であるチンパンジーなどを鏡としてヒトを映し出してみると、ヒト特有の本性や、生物として共通する部分が見えてきます。

四半世紀ほど前、比較認知科学では、「チンパンジーの知能はヒトの3歳ぐらい」という表現がよくなされていました。私はその表現に違和感がありました。ヒトを測るためにつくられたモノサシだけでチンパンジーを測って良いのかと。私は、アフリカの森で野生チンパンジーを追いかけ、また、研究所で生活するチンパンジーたちと生活をともにする時間が長かったのですが、ヒトがそうであるように、チンパンジーも個体によってそれぞれがまったく違うわけです。ヒトもチンパンジーも、どの時点で、どのように個性というものがうまれてくるのかを知りたいと思いました。そこで、従来の比較認知科学に新たに「発達」という時間軸のモノサシを加えて、比較認知発達科学という学問分野をつくってきたのです。

為末　研究の大きなテーマは、それぞれの種において「個性はいつ、どのように、なぜうまれるのか」ということですね。

明和　たとえば日本では、発達障害についての議論がありますね。発達障害とは何か、じつは、発達障害があるかないかを明確に二分する基準はありません。生後の早い段階から発達障害とされる特徴が見られる子もいれば、思春期になってから現れる子、大人になってから生きづらさを感じ、発達障害と診断される方もいる。すごく多様なんです。この「発達」という生命の時間軸を科学に盛り込むことが、

為末　ヒトという存在を理解するためには特に重要だと思っています。

明和　個性がうまれる要因はたくさんありそうです。安藤寿康先生との対談では、おもに遺伝の影響を議論しました。
たしかに遺伝の影響はある程度ありますが、環境も重要です。最近の私たちの研究では、生後の食生活習慣が、脳や心の発達に大きく影響していることを明らかにしました。

為末　つまり、食生活習慣が個性をつくっている？

明和　そういった側面があるということですね。先程挙げた発達障害も、特定の遺伝子を見つけるだけでは説明できない。

為末　食べるものに関してはどんなことがわかっていますか？

明和　まずは、日本人には間違いなく、いわゆる日本食が良いということです。麹などを含む発酵食品が脳の発達に関連することなどがわかってきています。「三つ子の魂百まで」という表現は本当に的を射ていて、3～5歳ぐらいまでに、私たちが生涯持つことになる腸内フローラの原型が決まります。つまり5歳までにどんな食生活環境を与えてあげられるかがすごく大事。

為末　日本人に日本食が良いのは環境に適応してきたから？

明和　そうです。日本人と欧米人では腸内フローラが大きく異なります。これも「ヒト」と一括りには理解できない点です。

為末　食べるもの以外に、自分を取り巻く社会的な環境も個性に影響していきそうな気がします。

明和　乳児期はおもに親（養育者）が、幼児期以降は親だけでなく友達や先生などが社会的環境として影響します。どんな保育・教育を受けるか、どんな人と出会い、関わるかによって、個性の現れもずいぶん変わってくるようです。

マスク社会が危ない

為末　マスク社会のリスクとは具体的にどんなことですか？

明和　様々ありますが、ここでは2つのリスクを挙げます。

第一に、私たちヒトは、目や耳から入ってきた情報を、これまでの経験で形成してきた記憶や知識と照らし合わせて理解していくのですが、この情報処理の土台となる大脳皮質にある視覚野と聴覚野は、生後早期、特に生後数か月から就学前くらいまでに、環境の影響をとりわけ強く受けて発達します。この限定された特別の時期を、脳発達の「感受性期」と言います。感受性期は、脳の場所によってそれぞれ異なります。

為末　視覚野と聴覚野の感受性期に、どのような環境で育つかが、これらの脳の場所の発達に大きく影響するのです。マスク着用に話を戻すと、様々な人の表情を見たり声を聞いたりする経験、さらにはそれを自分で真似してみることが社会性を育むために重要となるのですが、マスク着用の日常化によって、子どもたちの学びの機会が激減しました。

明和　するとどんな影響が出るのでしょうか？

為末　イギリスの研究では、子どもたちの表情が乏しくなっていることや言葉の獲得の遅れが生じていることなどが報告されています。日本ではデータがないので正確にはわかりませんが、幼稚園や保育園の先生に話を聞くと、イギリスと同じような状況にあるケースも多いようです。

明和　もう1つのリスクというのは？

為末　コロナ禍で、他者と社会的な絆を形成すること、つまり、アタッチメント（愛着）形成が難しくなっていることです。ここでいうアタッチメントとは、乳児―親間のアタッチメントに限りません。学校という時空間で友人同士のアタッチメントを形成する機会を得ることが、学齢期・思春期の子どもたちにとっても難しくなっているようです。

明和　ここで、アタッチメントの形成について、生物学的な視点から説明してみましょう。

為末　私たちの身体感覚は3つの要素で構成されています。1つ目は外受容感覚。これはいわゆる五感のことで、身体の外側から入ってくる情報を脳にあるそれぞれの感覚野が処理しています。2つ目は自己受容感覚で、筋骨格系の感覚のことです。たとえば今目の前にコップがありますが、私たちはコップを取るときに腕をこのくらい伸ばしたらいいのかなどといちいち計算をしているわけではありません。これまでの経験から、手（身体）をどのように動かせばコップ（環境）が取れるかといった筋骨格系のマップを脳につくっているんです。3つ目は内受容感覚（内臓感覚とも言う）。これは外受容感覚の逆で、身体の内側に生じる感覚です。胃が痛い、ドキドキする、オシッコに行きたいといった感覚のことです。ここで重要なのは、これらの感覚が統合的に結びついていくプロセスです。

明和　なるほど。

為末　そしてもう1つ重要となるのが、「身体が心をつくる」ということです。有名な実験に、ペンを口でくわえると口角筋が上がって笑顔の状態になり、幸福感を感じる、というものがあります（表情フィードバック仮説）。

明和　聞いたことがありますね。

為末　親が乳児に微笑みかけると、乳児はその表情を真似して笑顔になりますよね。

為末
明和

この時点で意識的に思っているわけではありませんが、乳児は自分の身体を使い、動かしてみることで、内受容感覚に心地よさを沸き立たせる経験をします。また、授乳されたり、優しくタッチされたりすると、やはり血糖値が上がったり、内分泌ホルモンであるオキシトシンの分泌が高まったりして、心地よい感覚が身体内部に生じます。

こうした経験を積み重ねることによって、乳児の脳では、微笑みかけてくる親の表情（視覚）や声（聴覚）といった外受容感覚と、身体内部に沸き立つ心地よさ（内受容感覚）が関連づけられ、記憶されていくのです。この記憶の結びつきこそが、アタッチメントの生物学的説明です。ここまでくると、実際に授乳されなくても、身体接触を受けなくても、その特定の人の表情や声を見聞きするだけで、あるいは思い出すだけで、記憶として結びついた内受容感覚の心地よさが想起されるのです。目の前にいる人の表情を自分の身体経験を通して理解していく。これがまさしく「共感」の認知メカニズムです。

他者の心が理解できるとはそういうことなのか。

乳幼児期に、ある特定の誰か（養育者）との間で形成したアタッチメントは、その後、社会で出会う様々な他者、たとえば先生や友達などとの絆を形成していくための土台となります。

この3年間、保育園でも、幼稚園・学校でも、マスク着用が徹底され、また、身体接触も禁じられてきました。表情が覆われているから、相手と表情を真似し合うことも、笑顔を共有することも、身体をくっつけてオキシトシンを互いに高めあうこともできない。ほ乳動物として進化してきたヒトが、このような異質な環境で、社会性を発達させていくことは難しいのです。

為末　社会性を発達させることが難しい環境になっているとすると、もともと自閉傾向がある子にとっては、さらに不利な状況が生まれているのではないかと思いました。冒頭で発達障害の話がありましたが、マスク社会という環境が影響して発達障害が増えるといったこともあり得るのでしょうか？

明和　それはわかりませんし、そうしたエビデンスも得られてはいません。

他方、気になるのは、大人が課した新しい生活様式の中で3年間を過ごしてきた子どもたちの精神面です。昨年10月、文部科学省が日本の小・中学生の約25万人が不登校であることを公表しました。コロナ禍で、不登校の子どもが前年比で5万人も増加しているのです。マスクの着用、黙食、非接触など様々な制限によって、子どもたちは学校空間で、心地よさや喜びを身体経験として感じる機会を激減させてきたのではないかと思います。

サイバー空間が危ない

為末　この3年間をどう取り返すかを真剣に考える必要がありそうです。

明和　マスク社会の長期化もリスクではありますが、コロナ禍が追い風となった社会のデジタル化もまた、子どもの脳の発達に大きな影響を及ぼしかねないと考えています。

ICTを活用した教育が広がっていますよね。「個別最適な学び」を実現するためには有効な面もありますが、ここにも子どもの脳の発達に関する科学的知見が十分に反映されているようには思えないんです。

為末　どういうことですか？

明和　サイバー空間は誰が設計していると思いますか？

為末　ああ、なるほど。現在のサイバー空間は脳のネットワークがすでに完成している大人が設計した仕組みであって、ここに子どもを入れることは、まさに子どもを大人のミニチュア版と見ているから。

明和　「今・ここ」を生きる大人が設計したサイバー空間で幼い頃から過ごすことが当たり前となる世代では、身体経験でしか得られない感性の側面が低下してしまうのではないかと思います。これからの人類が、ホモ・サピエンスであるかどうかもわからないほどの環境の激変が起こっているのです。ホモ・サピエンスという生物が持続的に生存していこうと願うなら、リアルな空間での身体を通した体験、それによって感じる非言語的な感動、感性の側面を大切にしていくべきだと思いますが、そうでなくても良いと思う人が増えたら、それはそれで仕方がないことなのかもしれません。

為末　ホモ・サピエンスという存在を成り立たせる最低条件はどんな点にあるとお考えですか？

明和　まずは「共感」、特に、ポジティブな共感だと思います。ネガティブな共感は、じつはホモ・サピエンス以外の生物にも広く見られます。しかし、為末さんが世界陸上でメダルを獲られたとき、私泣きましたよ。親族でも、知り合いでもないのに。為末さんの喜びが、テレビ越しに私の身体に同じ反応を起こしたんです。

為末　光栄なお話です。

明和　これはホモ・サピエンス以外の生物ではあり得ないことなのです。

為末　共感を育むために、学校でできることはありますか？

明和　たとえば体育の授業で一緒に走る、一緒に踊る、身体をくっつけ合う。音楽の授業で、一緒に歌ったり、演奏したりして身体経験を互いに共有する。給食という血糖値が上がる時空間で、互いに笑顔を共有する。こうしたコロナ禍前にはごく当たり前にあった経験が、じつはすごく大事。そういった活動は、心地よさを高めるオキシトシンやセロトニンの分泌を促します。この3年間、これらの活動には様々な制限がかけられましたが、サイバー空間で過ごすことが多くなる世代には、特に意識してこうした経験を提供していってほしいですね。

為末　これからは、体育や音楽の授業といった、みんなで場を共有して何かをする活動がより重要になってくる。

明和　キーワードは、「感動」だと思います。今、音楽家の方と共同研究をしているのですが、その方いわく、音楽を聞いて感動するのは、自分が持っていた予測が「ほどよく」裏切られるからなんだそうです。体育もきっと同じで、結果が予測できることをそのままやっても感動は生まれない。「よくわからないけど、2人でやったらうまくできた！」「できないと思っていたけど、以前よりできた！」といった「ほどよい」予測の裏切りによって感動が生まれる。今、脳科学ではこうした精神が生み出される原理解明に向けた研究がさかんに行われています。たとえば、「予測符号化理論」などがありますが、おそらく現場の専門家の方が得ておられる経験知とうまく一致すると思います。

体育を、学校を変えるための近道

為末　僕も体育がもっと重要視されるべきだと思ってこの連載を続けているのですが、そもそも教科・科目の括りを変えられないのかという議論もありますよね。

明和　まったく同感で、体育や理科などと分けず、身体を動かす経験とその内省を探究学習に活かしていけばいいと思います。たとえばウェアラブル端末をつけて走ってみると心拍数が上がることに気づく。そして心拍数が上がると汗が出る、気持ちが高揚することにも気づく。こうした身体による直接体験をもとに、どうしてこんな仕組みになっているのかと関心を深めていくことができる。まさにサイエンスへの道すじです。

為末　僕も速く走れるようになりたいと思って、陸上競技と運動力学についての本を読んでいたら物理学に興味を持つようになったんですよね。

明和　学校教育にもっと大胆な発想を導入すれば、より効果的な設計ができそうなんですけどね。

為末　戦後から今日まで日本の教育はそれなりにうまくいってきたから、壊すのにはやっぱり勇気がいるのかな。

明和　為末さんは良いアイデアをお持ちなのでは？

為末　教育に関してはいろいろなレベルでの議論があると思うんですが、いったん憲法まで遡ると、国はすべての子どもが学ぶ環境を整えなければいけないと定められていますよね。

　でも、さっきも話題になったように、不登校の子どもが増えている現実があります。この状況を逆手にとって、不登校の子どもたちでも学べる環境、いわゆるフリースクール事業に国の予算がつくといいのではないかと思っています。すると民間からも学校づくりにチャレンジする人が増えて、既存のかたちにとらわれない、いろいろな教育の場が生まれるんじゃないかと思う。もしそうなったら、僕は身体をベースとした学びを提供する学校をつくってみたいと思っているんです。

明和　為末さん、じつは私も学校をつくることが夢なんです！　学校を変えたいんだったら、自分の責任でつくり、検証していくのが一番の近道。

為末　それは驚きました（笑）。そうした、ある種の実証実験の成果が教育全体に反映されていくような好循環が生み出せるといいなと、漠然と考えています。

リアルな場はどこにある!?

為末　僕の中でのざっくりとした整理ですが、今後はリアルの場のほとんどが友達と一緒に何かをする方向になっていくのではないかと思っています。
8歳の息子が友達と遊んでいるのを見ていて面白いなと思ったのが、棒みたいなものを友達同士、背中で支え合いながら競争していたんです。棒は押し過ぎると痛いし、押さな過ぎると落ちてしまう。友達に対してどのくらい押すとどんな感じなんだろうということを確かめながら、まるでやわらかい何かを押し合っているような体験だったんだと思います。

明和　リアルな空間ならではの遊びですね。体育の授業でもぜひやってみていただきたい。私も、その科学的エビデンスを検証してみたいです。

為末　一方で何かを覚える、理解するといった活動はサイバー空間が優勢になっていくと思います。息子はタブレット端末を使って、掛け算をあっという間に覚えていきました。
けれど、危惧していることもあります。それは「わからない子のことがわからなくなる」ことです。教室というリアルな空間であれば、わからない子もいることが当たり前ですが、サイバー空間が発達していくと、個々に環境が最適化されて、わかる子とわからない子がいるんだという前提すらなくなっていくんじゃないかと思う。でも子どもの時期に、わからない子がいて、その子が「なぜ」「どう」わからないかを知るという経験は、大人になって多様な人たちと社会をつくっていくときのベースになるのではないかと思うんです。その経験をしないということは、強烈なエリート教育を施された状況に似ていて、異質な他者に対する想像力を欠いてしまう気がする。

明和　隣にいる子の気持ちを想像したり、推論したりする能力を「視点変換」と言います。なぜそのようなことが可能となるかについては、いまだ解き明かされていませんが、リアルな経験が土台となっているのは間違いありません。昨今のSNSのように、好きな人と、好きなときだけつながれるという時空間では視点変換は起きづらい。

為末　ある種の制約を伴うリアルな場は、これからの時代こそ重要なのかもしれないですね。

明和　大人であれば、他者から多少腹が立つことを言われても我慢することができますよね。大脳皮質の奥のほうに、大脳辺縁系と呼ばれる部分があります。ここでは、意識的なコントロールが難しい恐怖や不安などが身体反応を伴って生じます。

これを情動と言いますが、この反応にどのように対処したらよいかを推論したり、意思決定したりするのが、前頭前野の役割です。大脳辺縁系が、ある刺激により過活性となっても、前頭前野がトップダウンで抑制してくれるから、〝大人の振る舞い〟が可能となるわけです。

為末　逆を言えば、子どもの時期にそういった経験をしていないと、大人の振る舞いができない大人になる？

明和　これも脳の発達の仕組みを理解することが重要です。

大脳辺縁系と前頭前野の成熟には、10年という時間的なミスマッチがあります。大脳辺縁系は第二次性徴期、思春期に性ホルモンの分泌の影響を受けて急激に発達し、活性化しやすくなります。それに対して、前頭前野の成熟まではなんと25年以上かかります。つまり思春期の子どもは、感情爆発を起こす大脳辺縁系が活性化しやすいのに、それをトップダウンで抑制する前頭前野はいまだ未成熟な状態にある。だから思春期には様々な精神的問題が生じやすくなるのです。

前頭前野が未成熟な時期に、感情を抑制する経験を失敗しても繰り返していくことで前頭前野は発達していくと考えられます。制約のない、嫌なことから自由に逃避できる時空間では、そうした身体経験が得られないわけですから、その後どのような脳を獲得していくことになるかは、為末さんの想像通りだと思います。

為末　ここまでお話を伺ってきて、学校の部活が、じつはとても重要な教育機会を提供していたのかなという気がしました。いろんな軋轢が生じながらも、今・ここにいるメンバーでなんとかやっていくという経験自体に価値があった。

明和　そうだと思います。部活には、自分とは異なる多様な個性を持つ者が集います。上級生がいて下級生がいる、しゃべることがうまい者もいれば苦手な者もいる。こうした多様性あふれる時空間は、子どもたちにとっては前頭前野を発達させる絶好の学びの場です。これからの部活は、学校の外部（地域）の人も関わっていくようになるんですよね？　それはとてもいいことだと思います。視点変換を日常的に行うには、多様な人たちとの関わりが有効です。

為末　部活は改善すべき点も多々あると思いますが、ここまでのお話のエッセンスを取り入れられるリアルな場として再定義できるといいなと思いました。

今日の対談で、これからの教育や体育を考えるには、子どもの脳の発達という観点が必須であることがよくわかりました。

数学がいざなう
プレイフルな時代の
身体論

2022年12月1日収録

森田真生（もりた・まさお）

1985年生まれ。独立研究者。

『数学の演奏会』『数学ブックトーク』などのライブ活動や執筆活動など幅広く活躍する。おもな著書に『数学する身体』（新潮社）、『僕たちはどう生きるか 言葉と思考のエコロジカルな転回』（集英社）など多数。

探究の舞台を求めて

為末　今回お招きした森田真生先生は、「独立研究者」として数学を切り口とした講演や執筆活動などを行われ、幅広くご活躍されています。僕がお話を伺いたいと考えたきっかけは、『数学する身体』というご著書でした。

数学というと一般的には身体（からだ）とは縁遠いイメージですが、この2つを結びつけるという発想はどこから生まれたのでしょうか。

森田　僕は10歳までアメリカに住んでいたのですが、バスケ少年だった当時からマイケル・ジョーダンに憧れていて、高校の途中まではバスケットボール選手になりたいと本気で思っていました。

為末　そこまでバスケに打ち込めたのはどうして？

森田　バスケをしているときの、自分がいなくなる、流れそのものになるという状態、その没入感に惹かれていた部分が大きかったと思います。勝ち負けに関係なく、相手も自分も調子が良くて本当にいい流れができたときは、自分が完全にいなくなって、試合の流れしかないように感じる。それに加え、バスケを通して古武術に出会い、からだの可能性を探究する面白さにも目覚めました。

森田　バスケが、からだや感覚に興味を持つきっかけだったんですね。

為末　ただ、バスケをやめてから、それに代わるものをなかなか見つけられなくて。どうしたらあの感じを味わいながら生きていけるかを考えるようになりました。

大学は文系の学部に行き、身体論も学びましたが、もっと全身を使った学問をしたいと思いました。そんな頃出会ったのが、『日本のこころ』という、数学者岡潔の本です。岡潔は、心や生命の可能性をラディカルに探究し続けた人物ですが、彼が紡ぐ言葉に僕はすっかり魅了されました。そして、岡潔の文章や性格を知れば知るほど、頭で考えるばかりだと思っていた数学が、じつはそうではないとわかってきたのです。

「本当に何かを考えるとはこういうことか」と衝撃を受けた僕は、彼の思考に近づくためにはまず数学を学ばなければいけないと考え、数学科に入り直すことにしました。

為末　かつてのバスケ少年が数学の道を歩み始めたんですね。

森田　僕は数学を本格的に始めたのが遅かったので、一度とことん没頭しようと、数学科に入る前の夏に数学以外ほとんど何もしない生活をしたのですが、そのときにバスケで経験した流れそのものになる感じを味わった。自分が消えて、思考の流れだけがあって、その流れに自分が一致している状態。そこに気持ちよさも感

為末　じました。
　そのとき、からだと環境の境目ではいったい何が起きていたんだろう。

森田　為末さんは、スポーツを「身体と環境の間で遊ぶこと」と定義されていましたが、バスケにせよ数学にせよ、流れと一体化しているときは、そもそもからだと環境の境目がほとんどなくなるような感覚があります。
　秋の日差しの中を歩いていると心まで秋になるという実感は、万葉の時代の歌人だけでなく、現代人の日常感覚にもあるのではないでしょうか。

為末　自分と環境とを切り離せないくらいの没入感、スポーツでいうゾーンやフローに近い状態を数学でも味わえたんですね。

森田　そこから僕は、生きるという行為の可能性を追究していくために数学と向き合い始めました。僕は「数学者」ではなくて、あくまで数学を切り口としながら、人としての生き方を探究していくという意味で「独立研究者」と名乗って活動しているのです。

数学と環境にみる豊かな相互性

為末　「身体的に数学する」ってどういう感じですか？

森田　大昔の人類はたとえば17と18の厳密な区別はできなかった。けれども、目の前に「17匹の猪がいる」も「18匹の猪がいる」もどちらも大変なことで、まずは逃げたほうがいいということはわかる。こんなふうに、数字の厳密な区別ができなくても、大雑把な数量の把握ができればいいという場面のほうが、日常の暮らしの中では圧倒的に多かったはずです。

その後人類は、粘土や石のような、自分とは切り離されている物理的なものを自分のからだの外に置いて、それに記憶や計算を担わせるようになりました。数字を書いて行う筆算もそうですが、自分の内面で思考するのではなく、自分の外側にある物や記号を使って私たちは計算をしています。

詳しくは拙著『数学する身体』の中で論じたことですが、数学的思考というのは、他のあらゆる人間の思考と同じように、「心のなか」には決して閉じていなくて、意外なほど環境に漏れ出している。

為末　「外側に出す」には人工知能なども含まれますか?

森田　チューリング(イギリスの数学者)は1930年代に現代のデジタルコンピュータを理論的に発明し、人間の知能を完全に「外側に出せる」かもしれない、という可能性を示した。

為末　「考える」という行為を人間から完全に切り離す」ことを実現したというわけで

すね。

森田　だけど僕が『数学する身体』以降に考えたのは、外側に吐き出したように見えているものはじつはそれだけでは計算していないのではないかということ。チューリングの時代には、「計算しているかのように記号が操作されていれば計算だ」という考えが説得力を持ち始めたのですが、その後、人工知能の実現にはからだが必要ではないかという見方がむしろ現実味を持ち始めています。

為末　環境との相互作用は本当に不要なのか、ということですね。

森田　今は、環境との相互作用を持たせるために、からだを持つロボットを使って知能を実現しようとする研究も盛んですね。しかし、機械と生命の間にはまだ大きなギャップが広がっています。

為末　生命と言うには何か足りないのではないかと。

森田　何かを生命として大切に扱えば、それは生命を持ち始めてしまう。それくらい、生命は相互に浸透しやすいものだと思います。たとえば毎日大事にロボットの世話をしていたら、それはもはや命あるものとなって、壊れたときにも「壊れた」でなく「傷ついた」と言いたくなるかもしれない。

一方で、「生命をゼロからつくる」という神様のような発想は、生命の表面的な模倣になってしまいかねない。生命である自分が、相手を生命としてどう扱うかということから切り離して、客観的・数学的に生命とは何かを考えられるという発想は疑わしいのではないかと思うんです。

為末 体育においても近いことが言える気がして、動きの一部の要素を取り出して秩序立てて教えるというのは、何か生命的なものを失っている感じがします。一方で、完全に生命的な世界はすごくカオスな気がするので、ある程度のシステマティックさも必要ですよね。

ここまでのお話は「数学にとっての人間」という観点だったかと思いますが、「人間にとっての数学」はどのような存在でしょうか。

森田 僕たちが学校で学ぶ数学は、昔からずっと今の姿だったわけではなく、古代ギリシアやアラビアで生まれヨーロッパで何百年もかけて研ぎ澄まされていったものです。じつは世界の他の地域にも、この流れとは別に、数学と呼べるようなものは存在しました。「数学とは何か」や「数学の前提となる言語」は時代や地域によって異なるし、変化し続けてもいるわけです。したがって、環境や制度が変われば数学も変わるし、逆に、数学はかなり根本的に人間の常識や発想の仕方を変えてしまうこともあります。

研究・探究には、人間の行動を縛る習慣や制度を更新する力があります。考えるという行為は、究極的には「習慣の変化」をもたらすものです。これを最も大胆にやってきた学問の1つが数学だと思うのですが、たとえば、「時間・空間とは何か」といったような非常に根本的なレベルから、数学は人間の思考の習慣を変容させてきました。それほどまでに強烈に人間の習慣を変える力を持つのは、数学しかない、と僕は最近まで思っていました。

でもここ数年、人間がつくった数学という営み以上にもっと強力なのは、それを支えている環境自体かもしれないと考えるようになりました。「習慣の変化」が起こる探究の舞台というのは、人間の心やからだよりも広いところにある。地球上で生命が活動する中でどんな習慣の変化が起きていくのかを、自分自身も生まれ変わりながら、探究していきたいと思っています。

森田

人間を取り巻くゲームとプレイ

これまでの対談で出てきた「遊び」について、僕はデヴィッド・グレーバー(アメリカの人類学者)の『官僚制のユートピア』という本の中のゲームとプレイについての議論から学ぶところが多いと感じています。

グレーバーはあらゆるゲームに共通する特徴として、時間的・空間的に日常から切り離されていること、ルールがあること、競争や勝敗の観念があることを挙げています。そして、ルールを守らないと成り立たないゲームに対して、現状のルールを一時的に離れていく行為こそプレイであると論じました。ある意味では、ゲームを前提にしないとプレイを理解できないということですが、一方で、新しいルールはプレイの中で成立していくので、プレイがないとゲームは生まれない。両者には相補的な関係があるということです。ただグレーバーは、プレイの中からルールが生まれることに着目し、プレイがゲームよりも高次の概念であると考えた（図1）。

この枠組みに当てはめると、スポーツも数学もルールがあるから短期的にはゲームだけど、そのルールは

為末

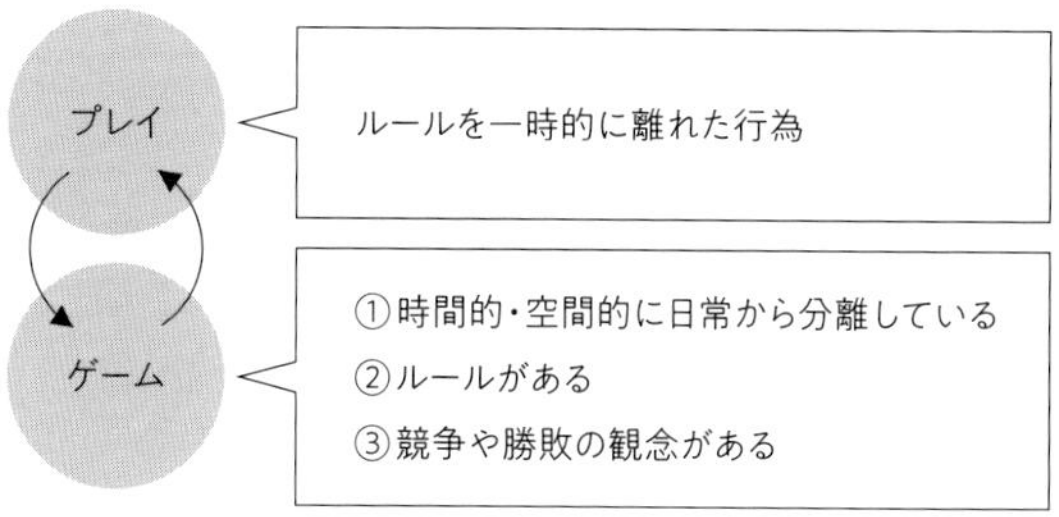
プレイ
ゲーム
ルールを一時的に離れた行為
①時間的・空間的に日常から分離している
②ルールがある
③競争や勝敗の観念がある

図1　グレーバーによるゲームとプレイの規定（イメージ）

変化していくので、長期的に見ればプレイと言える。

森田　プレイは、ルールから離れるという点で不確実性が高くリスクもあるので、現代社会はできるだけプレイを抑圧しようとしていて、その結果、社会のゲーム化が進行していく。グレーバーはその典型を「官僚制」に見ました。

ただし、どれほど現実をゲーム化しても、同じルールをいつまでも維持できるわけではないので、やがてゲームからプレイに移行するときがきます。そんなときに、「プレイフルにルールで遊ぶ」という発想に切り替えられずに、同じルールにしがみつこうとしているとつらい。

気候がおよそ1万2０００年ぶりというスケールで不安定化してきていて、地球環境、生態系がこれほど激しく変化し始めている現代においては、これまで人類がほぼ当たり前だと思ってきたゲームが、ゲームとして成立しなくなってきている。

為末　つまり現代はプレイフルな姿勢が求められる時代だと。

森田　ホモ・サピエンスに少なくとも20万年の歴史があるとして、そのうち文字の記録があるのはおよそ５０００年前から。つまり人類史全体のせいぜい2・5％でしかない。

にもかかわらず、ベストセラーになったユヴァル・ノア・ハラリの『サピエンス全史』などもそうですが、この忘却の彼方の時代についても、人類は雄弁に語ってきました。グレーバーと、考古学者のデヴィッド・ウェングロウは、『The Dawn of Everything』（未邦訳）という本の中で、こうした語りの原型をつくったのがルソーの『人間不平等起源論』ではないかと論じています。ルソー以来、まことしやかに語り継がれてきたのは、「大昔の人たちは、今の僕たちよりも自由で幸せに見えるかもしれないけれど、それは僕たちよりも原始的で遅れていたからだ」という根拠のない物語です。さらに、「農耕が始まり、土地の私的所有が始まってすべてが変わった。階級が生まれ、戦争が始まり、やがて国家が生まれていった」と皆が語り続けてきました。

ただ近年は、考古学が急速に進歩してきて、忘却の彼方だったはずの人類史の「97・5％」に光が差し込み始めている。その結果、大昔の人類が、社会制度や食糧生産などに関して、僕たちの想像を超えた先進的で多様な試みをしていた可能性が浮上してきた。ルソー以来の歴史の語りが、無根拠だっただけでなく、むしろ根拠に反しているのではないか、と先の著書でグレーバーたちは論じているのです。

僕たちは、1万年のタイムスパンで見ると、画一性から多様性への揺り戻しが始まる時代の入口にいるのだと思います。これからの時代を生き延びていくためのヒントは、忘却の彼方の「97・5%」の記憶の中に眠っているのかもしれません。

人間以外の生き物と生かし合う

森田　人間の歴史の中にはゲームが成り立ちやすい時代と、プレイに徹するしかない時代があって、「人新世」と言われる現代は、後者になりつつあると思います。

今地球上には約80億の人がいて、人間は自虐的に「自分たちがこんなに増えたせいで地球に迷惑をかけている」と思っているふしがありますが、ある虫が畑に大量発生するのにはそれなりの理由がある――たとえば虫が養分過剰な畑から葉っぱなど有機物を持ち去ってくれるとしたら、長い目で見れば畑にとってプラスになる――ように、必要性があって80億人いると発想すれば、なぜ必要とされるのか、その理由を考えられる。

人類のことを英語では「humankind」と言いますが、この言葉について、アメリカの哲学者のティモシー・モートンが面白いことを指摘していて、「a kind of……」といえば、「○○みたいな」という意味がありますよね。「○○みたいになる」という性質を持つ人間は、その特徴を最大限に発揮して、より多くの他者を感じながら、より多くの他者の幸せを願う存在になれる。人間がいればいるほど人間以外の生き物がハッピーになるという状況をつくっていくことは決して不可能ではないはず。自分はただの「human」ではなくて「humankind」なのだ。

為末　こんなふうに少し意識を変えてみるだけで、環境に対するただの負荷ではない人間像というのを描くこともできるのではないでしょうか。

森田　人間の発想をそういう方向に変えていくことが、あらゆる領域で大事ですね。

為末　人間が動き回って環境を攪乱することが、たとえば苔の胞子を運ぶことになる。同様に、もしかしたら、すればするほど人間以外の生き物がハッピーになるスポーツもあり得るかもしれない。スポーツのこれからを考えるときに大事な視点ではないでしょうか。

森田　人間が、川の流れを止める側から堰を切る側になる、それをやるべきではないかということですね。

為末　さらにもっと言えば、人間は新しい川の流れをもつくることができる。

プレイフルな時代の教育のあり方

為末　これからプレイフルな時代に入っていくというお話がありましたが、そのときの教育はどうあるべきでしょうか。

森田　『〈学級〉の歴史学』（柳 治男著）によると、現在の「学級」という制度は、19世紀のイギリスにおいて大量に生み出された貧民を救済する試みに起源があるそうです。産業革命が進行するさなか、キリスト教の慈善活動として、子どもたちを集めて最低限の読み書きを教えようとした。これを効率よく行うための「必要悪」として、同じ地域の同じ年齢の子どもたちを1つの教室に集めるという「学級」の仕組みが生まれました。つまり、最低限のコストで最低限の知識を広く行き渡らせることに特化したシステムとして学級制度は誕生したのです。

為末　ルールと秩序のあるゲームの時代に最適な制度ということですね。だとすると、学級制度自体を変える必要があるのでしょうか。

森田　いつの時代にも読み書きなど最低限の知識を効率的に普及させることは必要です。この点に関して、今のところ学級制度に置き換わるほど効率的な仕組みは見つかっていません。ただ、友達をつくる、社会性を学ぶ、不確実な時代を生き延びる術を身につけるなど、なんでもかんでも学級でやろうとするのは無理がある。人間は基本的にあらゆるところで学べるので、学校に行く時間は最低限にして、それ以外の時間に、子どもたちが適度に守られていて、好きなように遊んで好きなように学ぶことができる状況を、様々な環境の中につくることが必要です。

為末　体育については？

森田　体育がからだを育む教科であるならば、「これをやりたい」「自分はこれを強く求めている」という感覚に応えることが大事だと思います。

為末　そんなふうに子どもたちが動き出すためには何が必要でしょう。

森田　まずは「やりたい」だけでなく「やりたくない」というのも重要な欲求なので、それは最大限尊重されるべきです。そのうえで、人間が動く動機は、環境に散らばっていると思う。遠くの地平線に太陽が昇っているから走りたくなる、といったように。

学校は、人間以外の生き物がほとんどいなくて生物多様性が極端に低い。さらに環境からの情報が画一的で変動しない。それでは動くモチベーションは湧きません。森や山みたいな環境であれば、あっちに光が差しているから行ってみようとか、木に登ってみようとか、動きたい欲求は自然に湧いてくる。動くきっかけがたくさんあって人間にコントロールされ過ぎていない複雑な環境で、一定の時間、安全が確保されたうえで自由に過ごすことが大事かと思います。

為末　選手時代、歩いたときの感触によって練習内容を変えたりしていたので、今思えば、外の世界と交わるときの感覚にはすごく敏感だった。

森田　その敏感さは、陸上を通して身についたんですか？

為末　陸上で研ぎ澄まされた気もしますが、元来の部分もありそう。子どもの頃、陸上以外で唯一没入感があったのが書くことでしたが、逆に言えば、走るときと言葉を扱うとき以外はいろいろと気が散っていたかもしれません。

森田　為末さんは、敏感さとか感じたままに動くことが、陸上という文脈で評価されたと思いますが、そういう文脈がない場合に、「なんか違う」と敏感に感じている子が、その表現の1つとして不登校になることも多い。自分の調子の良し悪しを感じて、調子よく感じられるように生きることってすごく大事だと思いますが、それができない状況に追い込まれてしまっている子どもたちも多い。

為末　無理し過ぎないことが重要で、「計画してもできない場合もある」ことを受け入れ、バランスをとることが必要だと思います。

森田　本人なりに自分の調子が良くなる生き方を探索して選択しているとしたら、それを読み取って認めるのが教育の役割だと思う。もちろん他者がそこをちゃんと理解するのはとても難しいけれど。

全体を、ぼんやりと

森田　今年の夏、長男が毎日のように夢中でカマキリを探していて、ある日「見つけようとすると見つからないのに、見つけようとしないと見つかるんだね」と言ってきました。それを生態学者の友人に話したら、「タコを捕る人も、タコを見ようとせずにタコに見られているという意識で近づくらしい」と教えてくれました。

為末　ピントを合わせると見えなくなるものは多々あって、ぼんやりと全体を感じ取ることの重要性にあらためて気づかされました。

森田　速い物事は特に。周辺視野で入ってくるものに対してのほうが、じつは人間は早く自然に反応できるそう。

為末　最近はいろいろな専門家が自分の領域にピントを合わせて物事を見ている。でも、ピントが合い過ぎている船員だけが操縦する船はある意味とても危険で、それぞれは自分の見ている範囲がよく見えていても、たとえば暗礁に誰も気づかない、みたいなことが起き得る。

森田　誰がぼんやり見るんだ、という状態に。

「どう生きるか」を考えるときにも、総合性を持てるかどうかがとても大事。自分のからだで責任を持ってちゃんと考える、その姿勢を持ち続けたいですね。

体育の醍醐味は「不便益」にあり?!

2023年4月24日収録

川上浩司（かわかみ・ひろし）

1964年生まれ。京都先端科学大学教授。不便益システム研究所代表。

専門はシステム工学で、著書に『不便益のススメ』（岩波ジュニア新書）など。2021年には「第7回World OMOSIROI Award」を台湾の政治家オードリー・タンらと同時受賞。

「不便益」という発想

為末　1年にわたる本連載の最終回には、「不便益」研究の第一人者である川上浩司先生をお迎えしました。まずは「不便益」についてお聞きするところから始めていきたいと思います。

川上　不便益は、「不便の益（benefits of inconvenience）」からきた言葉です。世の中には不便でなければ得ることができない益があり、その益を人にもたらすような新しいシステムをつくろうという、工学分野で始まった考え方のことです。

為末　「便利／不便」がキーワードになりそうですが、不便益の考え方の中ではどのように捉えているのですか。

川上　工学分野では、客観的に定義されていないと議論ができません。なので、不便益について話すときの「不便」は、手間がかかる、頭を使うということが客観的に観測されることと捉えています。

為末　とすると「便利」は、とても効率良く理論的に物事が回っている状態と理解できます。つまり不便益とは、わざわざ手間をかけたり判断したりしなければいけない余地が残っているところに何か別の益が生まれることと言えるでしょうか。

川上　そのとおりです。おもにはモチベーションや自己肯定感が上がる、自分事になるといった益。

為末　不便益にはどんな例がありますか?

川上　不便益を考えるときには、便利と不便、それらによる益と害を組み合わせて、4象限で物事を見ています(図1)。この中の「便利害」——便利にするとかえって良くないもの——として、たとえば必ずホームランが打てるバットがあったとしたら、非常に都合が良さそうですが、野球というスポーツの面白さがなくなってしまいますよね。打ちたいけれど打てないこともあるという不便さがあるからこそ、打てたときの自己肯定

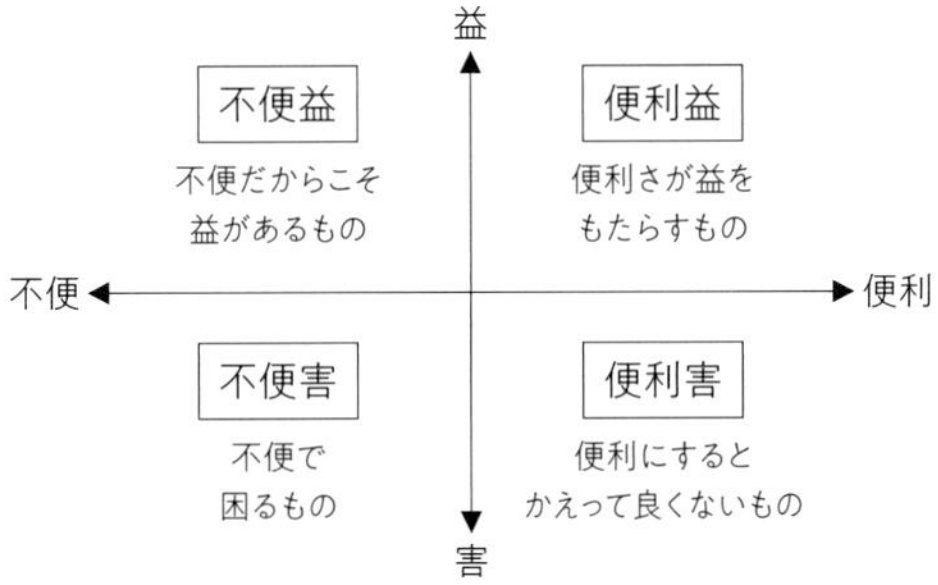

図1　「便利–不便」「益–害」の4象限マトリクス

為末　感、達成感を味わうことができるのが野球。これは一種の不便益です。

川上　なるほど。最近は食材の宅配サービスが盛んですが、あとは15分で仕上げるだけという状態のカットされた食材が届くセットが特に人気だそうです。多少手間がかかっても、最後の楽しい部分は残しておいてほしいということですね。自分で仕上げることで、私が作ったという達成感が味わえる。まさに不便益ですね。

為末　昔、アメリカのサンディエゴに住んでいたことがあるのですが、近くに世界各地の人たちが住むエリアがありました。共通言語がなく価値観もばらばらな人たちですが、みんなで畑をつくり、みんなで野菜を育てていた。そうすると「今はこういう段階だ」「今朝、水をやっておいたよ」など何かしらのコミュニケーションが自然と必要になる。野菜づくりが、ともすれば分断されがちなコミュニティでコミュニケーションを生むきっかけになっていて、これも不便益のような感じがします。

川上　野菜が欲しいだけなら買ったほうが早いですからね。おっしゃる通り不便益には、つながりや接触が生まれるという側面があります。

為末　不便益が少し掴めてきた気がします。他にも、以前息子とキャンプに出かけたときに「薪割り体験５００円」というのをやってみたのですが、僕たちが割った

川上　薪は他のお客さんに売られていました（笑）。つまり僕と息子はお金を払ってある種の労働を楽しんだわけですが、もともと労働とされていた作業がひっくり返ってエンターテイメントになるというのは大きな気づきでした。でもふと考えてみると、昔は労働やら不便やら言われていた、たとえば畑仕事や手仕事のようなものが組み込まれることが、最近では「豊かさ」などと言われたりしていて、表裏一体でなんとも面白いです。

大事なのは、誰かのために自分が不便を我慢するということではなく、不便を被る人と益を受ける人は同じということ。もしくは、この不便は誰かのためになっているから自分も嬉しいというふうに、ブーメランのように帰ってくることなんです。

工学分野に吹いた「不便益」の風

為末　とはいえ、工学の専門家にとっては「便利」を求めるほうがむしろ自然な気もします。

川上　かく言う私もその1人ですが、工学分野の人間の頭の中には、人間による作業を削減するテクノロジー、いわゆる自動化が常々あると思います。身近なところでいうと車の自動運転の技術も進んできていて自動化一辺倒の風潮がありますが、自動化するというのは、少なからず人間はいなくてもいいということでもあるので、それに対してはちょっと待ったと。というのも、システム工学の中の人間・機械系という分野は本来、機械が人に代わるのではなく、人と機械が一緒に働く、一緒に行動するための学問なんです。

為末　人間の存在なくしては語れない分野だと。不便益へのつながりが少し見えてきました。

川上　僕が不便益の研究を始める少し前、多くのメーカーがセル生産方式という、1人または少数の技術者が製品の組立工程を完成まで担う方式を導入しました。それ以前は、工程ごとに技術者を配置し作業を細かく分担するライン生産方式が、生産効率も高く技術者にとっても便利だとされ広まっていたのですが、そのような流れの中で、不便なセル生産方式を導入するメーカーが相次いだのです。それを見た僕の師匠（片井修 京都大学名誉教授）は「これは不便益や」と。

為末　不便なセル生産方式に益を見出したわけですね。

川上　実際、メーカーの担当者によると、多品種少量生産に柔軟に対応するために採用したそうなのですが、現場の技術者は「私がこの車をつくった」という実感がモチベーションになっていると。

為末　どちらにも益があった。

川上　特にモチベーションという数字にはできない益が工学畑の僕には新鮮でした。併せて、「人も含めてシステムを構築する、人の気持ちにフォーカスすることが大事」という師匠の言葉がすごく腑に落ち、そこから不便益の可能性を感じ始めました。

「不便益」から人間を考える

為末　不便益は、本来はもっと合理的なかたちがあるけれどあえて非合理にすることで、個人の幸福感が上がることと理解しましたが、合理性の中に不便益が存在することもありますか?

川上　あります。要は、合理性を追求する方向の問題です。「自由とは何をやってもいいことなのか、何もしなくてもいいことなのか」という問いがありますが、それに近いと思う。「便利」も、やれないことができるようになる便利とやらなくてよくなる便利がありますが、不便益ではおもに前者を追求しています。

為末　AIに代表される昨今のテクノロジーは非常に便利ですが、その技術のうえに人間がさらに創造性を、というより、そもそも人間自体が必要ないのではないかという傾向にあるように感じます。

川上　AI技術は、2000年代の初め頃まではいわゆる認識系――すでにあるものを画像や音声として認識する――がほとんどでした。認識系のAIは必ずしも「人の代わり」に特化していませんが、ここ数年で急速に発達してきた生成系のAIは、人間の代わりに今までにない新しいものをつくるという色が極端に強いと感じます。だから不便益研究がAI技術と向き合うときには、生成系AIであっても、人の代わりでない使い方、つまり人の手間とか頭を使うことを楽しくさせるような使い方を模索していきたいと考えています。

為末　僕の個人的なテーマが「人間らしさの追究」なのですが、人間らしさのない社会は僕が生きたい社会ではないと感じていて、それって不便益的なものと近いのかなという気がしています。やる気が出たり出なかったり、明日やることを考えていてもいざその日になれば違うことをしたくなったり。そういうランダムな性質のある少し不便な人間を否定せず、むしろそれを組み込んだかたちで生きていけるような社会が、人間にとって幸福な社会ではないかと。

川上　そういう社会をつくるためのお手伝いをするのが僕たちの仕事だと思います。そして、そういった社会を実現するためにどのようなものが必要なのかを考えるのが不便益の考え方。

為末　「不便益」からみた人間はどういったものですか。

川上　何でしょう、正直考えたことがなかったです。

為末　でもおっしゃったような「これは自分がつくった車だ」というような感覚には、非常に高まる何かがあると思うし、面白い。

川上　人は、社会性を持つ動物として、何かしらのかたちで社会を後押ししている実感を持ちたいのかもしれませんね。

為末　進化生物学者 リチャード・ドーキンスの『利己的な遺伝子』という本に「ミーム」という概念が出てきます。ミームとは、人から人へと広がっていく文化のこと。この本では、たとえばジーンズがアメリカから世界に広がったように、人間は遺伝子だけでなく、文化を広く残したい生物なのではないかと述べられています。不便益をこれに照らすと、自分のミームを社会に残せると人は幸福感を得られるのかなと。

川上　たしかに。不便益という考え方が社会に残ると嬉しいなと僕も思います。

為末　不便益は、そのアイデア自体がまさにミームの最たるものだと思います。

「最適化」は本当に最適？

為末　スポーツの世界では、競技特性と体格など自分の持つ条件とを踏まえて、最も

川上　合理的にからだを動かしてぴったりくる動きをすることが究極目標です。そのために卜レーニングをして、求められる環境に自分が〝最適化〟していく。最近、柔道界で小学生の全国大会が廃止されましたが、その背景には、成長途上で体格差の大きい小学生年代は、技をかけるより力任せに相手を倒すほうが勝ちやすいので、技術より力で押さえ込むような戦い方が増えていったことがあるそう。

為末　「柔よく剛を制す」の反対ですね。

本来は、高校生くらいでからだができてくると巧みな技が生きてくるけれど、小学生のときに勝ちやすい勝ち方に最適化された子は、高校生・大学生になると技のレパートリーがなくて勝てなくなっていくそうです。

川上　これって、ある条件に最適化されることで外的環境の変化に脆弱になるというシステムと言えると思うのですが、逆に「不便益」というのは環境に対して柔軟さ、やわらかさがあるといったような印象を持っています。

それはあると思います。システム工学では、物事をつくるときにいろいろな最適化を図りますが、そのときに注意するのがローカルミニマム（局所最適）に陥らないようにすることです。

為末　ローカルミニマムという概念は具体的にはどんなイメージですか？

川上　実際は関数ですが、ここでは地形に置き換えて説明します（図2）。海（＝最適解）に出たいのだけど方向がわからないとき、とりあえず自分の周りにある下り坂の方向に向かっていては、盆地（=局所的最小解）にたどり着いてしまい抜け出せなくなることがあります。このときの盆地がローカルミニマムです。システム工学では、ローカルミニマムに陥らないために様々に計算を選択していくわけです。

為末　なるほど。体育は、まさにローカルミニマムに陥ることで「体育嫌い」を増やしてしまっているのではないかという気がします。要するに、「できる」という一般的に最適とされるかたちに向かう中で、楽しんだり自由にやってみたりする余白がどんどん失われているのではないかということです。逆上

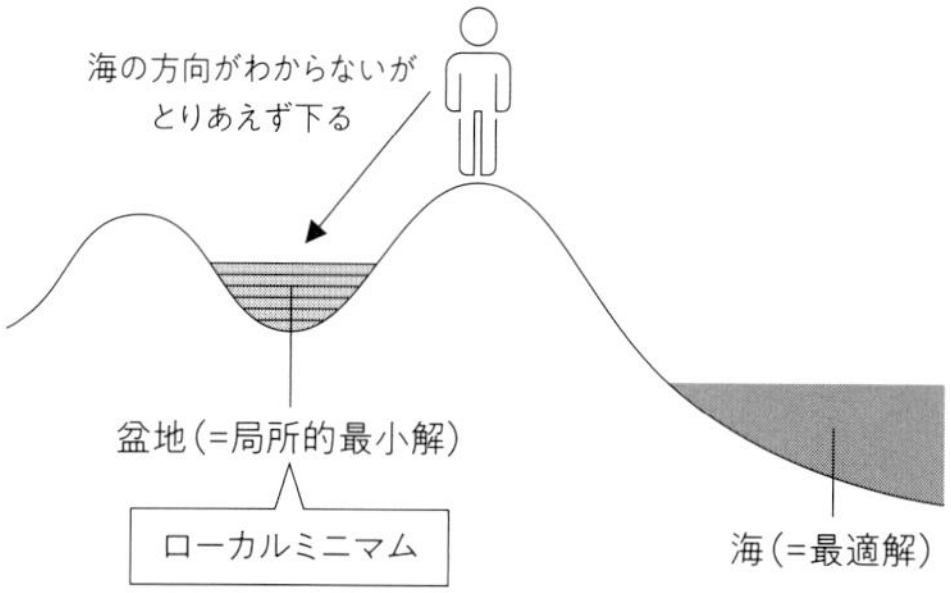

図2　ローカルミニマムのイメージ

川上　がりをとっても、短期間で一直線に「できる」に向かうなら、ひたすらにコツを教えてそのとおりにやらせるのがいい。でも、そうやればやるほど、言われた通りにやっただけなので、自分でできたという感触は薄まっていきますよね。一方で、自由に探索した結果「できた」にたどり着くのは、時間とコストがかかって非効率。だけれど、本人の「自分が見つけた」感は強い。

為末　体育の授業の目的を、たとえば逆上がりが「できる」ことにするのか、それとも「できるようになることを通して自信を得る」ことにするのかといったように、どの視座で見るかによっても受け止め方が変わりそうですね。

授業のゴールは先生が決めるにしても、そこまでの道のりを完全に自由にするのか、少し制限をつけるのか、または細かく制限をつけるのかという設計次第で、体育の面白さや体育から得られるものが変わってくると思います。

でも、どのくらいの余白がいいんでしょうね。

川上　残念ながら、システムデザインの分野でも、この程度の余白がベストというような法則はありません。技術者のセンスに任せる部分が大きいというのが実際のところ。

為末　人間という係数を加えてその余白がぴったりはまると、効力が最大化する。難しいけれど面白いですね。

答えのない「余白」のデザイン

為末　余白のバランスについて、オリンピック・パラリンピックから考えさせられることがあります。健常者が競うオリンピックは、人種などの違いを踏まえたうえで同じスタートラインにいるという前提なので、「能力ですべてが決まる」というデザインに落ち着きます。一方、パラリンピックはそれぞれに異なる障害のある人たちが競うので、何もしなければスタートラインが違うわけです。だから少しでも等しく勝負が成立するように、障害のクラス分けなど様々なルールが設定されています。一方で、勝負を成立させようと調整しすぎると——つまり余白を小さくしすぎると——、能力差によるところが薄まりすぎて、サイコロを転がすような、いわゆる運試しの世界になる。

川上　選手は競うために取り組んでいるでしょうから、それでは面白くないですよね。

為末　こんなふうに、競争とか優劣をつけるというシステムのデザインは余白のバランスがすごく悩ましくて。それは体育の授業デザインにも通じる部分だと思います。「不便益」でも、余白の難しさはありますか。

川上　体育の悩ましさと近いものがありますね。余白のバランスというのは、「不便益」でいうと便利と不便のバランスだと思いますが、その設計は非常に難しい。先程からお話ししているように、「便利／不便」は定量化できないので、余白についても、たとえば数式的に設定することはできません。

為末　なるほど。体育の場合はさらに、どれが本当に目指すべき指標なのかはっきりしないという部分もあるように思います。

川上　ゴールのようなところですね。ただ、大事なことはわかりやすく指標として出せないことが多いのも事実ですよね。

為末　そうなんです。でも現状の教育では評価が必要とされている。あらためて考えてみると、評価するかしないかというのはすごく大きなポイントだと思います。評価するなら客観的な指標が必要だけれど、あまりに客観的すぎると本質とずれてきてしまう。そうかといって、まったく評価しなければ、そもそも何が良くて何が良くないかわからない。

川上　ジレンマですね。

為末　体育の授業は「できた」にフォーカスされがちですけれど、時には「やったけれどできなかった」で終わってもいい気がする。「できた」の価値を高く見ているから、紆余曲折しても最後には「できた」で物語を終わらせたい、みたいなところが出てきますよね。

川上　たぶん技能的なことはスパイスのようなもので、それがメインではなくて。でも捉え方によっては、技能を得ること自体が不便の益ではないかという気もします。

為末　技能を得ようとする中で生まれる何かこそが大きな目的だと。

川上　学びは何のためにあるのか考えるとき、役に立つから学んでいるのか、それとも学んでいると面白いから学ぶのかという観点があると思います。そして学校の先生たちがすごく悩むのは、これをやっていけば社会に出たときに人生やキャリア、または収入といったことに対する〝最適化〟に役に立つという話と、もう一方で好奇心を育んだり何かを知りたい、面白いと思うこと自体が幸せだという話の両方をしなければならないからではないかと思います。

たまに「勉強は不便かもしれないけれど頑張れ。将来、収入が上がるという益があるから」というふうに、不便益にかこつけて教育を語る人がいますが、それは違うと声を大にして言いたいです。面白いとかそういうところにも本質がある、このことは体育の授業も同じではないかという気がします。

不便さこそが人生をいろどる

川上　不便益を考える中で、人間とは何かということをじつは考えていたのかなとい

為末　うのが、本日の大きな気づきです。
僕の場合は、10年、20年と競技をする中で、人間には続くモチベーションと続かないモチベーションがあって、最後まで残るモチベーションは「勝ちたい」ではなく「興味深い、探究したい」だと気づきました。思い通りにしたいんだけれど、一方で「思い通りになったらおしまい」みたいなところがあって、思い通りにならない何かがあるからこそ生まれる工夫がある。

川上　「心やからだという不便さの中に面白みがある」という気づきはまさに不便益的ですね。

為末　初回の伊藤亜紗先生との対談にも通じますが、「便利でない自分」と、いかに面白がりながら向き合うかが大事ですね。

川上　じつは不便だからこそ得られる益はたくさんある。気づかずに過ごしているけれど、世の中に溢れていると思います。

為末　考えてみると、不便益というのは資本主義的なシステム――収益最大化に向けての最適化を鋭く促す――に対するチャレンジみたいな考え方ですよね。短期スパンでは無駄や贅沢と捉えられるものが、長いスパンを経て、文化的な価値を持つことも多い。スペインにあるサグラダ・ファミリアはまさに「不便益」ではないでしょうか。

川上　何百年経っても完成しないし、つくったそばから崩れていくかもしれないけれど、それがかえっていい。逆に、完成してしまうとここまで魅了されないでしょうね。

為末　完成しないシステムを回し続けるための種を植えるみたいなことが、教育の中枢にはある気がします。生涯にわたって完成しない、けれどちゃんと回し続けられるシステムというのでしょうか。「便利だ」「役に立つ」というのは完成に向けて走り出してしまっているような感じがして、そういう意味で少し違うのかもしれません。
「不便益」を通して体育や教育を解釈する、とても新鮮で学びの多い時間となりました。本日はありがとうございました。

初出

本書は、大修館書店が発行する『体育科教育』の連載「からだが遊ぶ教育論」(2022年8月号〜2023年7月号)の内容をもとに、一部加筆・修正したもの(所属等は連載時のまま)です。

1章　もしや、からだってなかなか面白い!?

・自分のからだに考えを巡らす(伊藤亜紗×為末 大)――『体育科教育』2022年8月号(第70巻 第8号)pp.5-8,48-53
・からだが学ぶ、からだで学ぶ(齋藤 孝×為末 大)――『体育科教育』2022年9月号(第70巻 第9号)pp.5-8,52-56
・クリエイティブとからだ、佐藤可士和は行き来する(佐藤可士和×為末 大)――『体育科教育』2023年1月号(第71巻 第1号)pp.5-8,74-77

2章　体育、そうだったのか。

・「矛盾」がいろどる遊びの世界(松田恵示×為末 大)――『体育科教育』2022年10月号(第70巻 第10号)pp.5-8,48-51

- からだを育てるファンダメンタルな体育（野井真吾×為末 大）――『体育科教育』２０２２年11月号（第70巻 第11号）pp.5-8,74-77
- 為末 大と現場の先生の対話～体育の課題ってなんですか?～（未来の体育共創サミット２０２３×為末 大）――『体育科教育』２０２３年４月号（第71巻 第４号）pp.5-8,68-72
- 体育から「みんな一緒」を手放そう（安藤寿康×為末 大）――『体育科教育』２０２３年５月号（第71巻 第５号）pp.5-8,74-77
- 子どもに運動を教えるって難しい！（三輪佳見×為末 大）――『体育科教育』２０２２年12月号（第70巻 第12号）pp.5-8,74-77
- 13歳からの「体育」思考!?（末永幸歩×為末 大）――『体育科教育』２０２３年３月号（第71巻 第３号）pp.5-8,74-77

3章　たかが体育、されど体育。

- 「マスク世代」の子どもに体育は何ができるか（明和政子×為末 大）――『体育科教育』２０２３年６月号（第71巻 第６号）pp.5-8,68-72
- 数学がいざなうプレイフルな時代の身体論（森田真生×為末 大）――『体育科教育』２０２３年２月号（第71巻 第２号）pp.5-8,74-77
- 体育の醍醐味は「不便益」にあり?!（川上浩司×為末 大）――『体育科教育』２０２３年７月号（第71巻 第７号）pp.5-8,74-77

本書に登場したおもな書籍

自分のからだに考えを巡らす

- 『どもる体』 伊藤亜紗〔著〕、医学書院、2018年
- 『プルーストとイカ――読書は脳をどのように変えるのか?』 メアリアン・ウルフ〔著〕 小松淳子〔訳〕、インターシフト、2008年
- 『手の倫理』 伊藤亜紗〔著〕、講談社、2020年
- 『見えないスポーツ図鑑』 伊藤亜紗/渡邊淳司/林阿希子〔著〕、晶文社、2020年

「矛盾」がいろどる遊びの世界

- 『ホモ・ルーデンス――文化のもつ遊びの要素についてのある定義づけの試み』 ヨハン・ホイジンガ〔著〕 里見元一郎〔訳〕、講談社、2018年
- 『遊びの現象学』 西村清和〔著〕、勁草書房、1989年

体育から「みんな一緒」を手放そう

・『日本人の9割が知らない遺伝の真実』 安藤寿康〔著〕、SBクリエイティブ、2016年

子どもに運動を教えるって難しい!

・『「先生、どうやったらできるの?」と聞かれたときに読む本――子どもの感覚世界に寄り添う運動指導』 三輪佳見〔著〕、大修館書店、2022年
・『マイネル スポーツ運動学』 クルト・マイネル〔著〕金子明友〔訳〕、大修館書店、1981年

13歳からの「体育」思考!?

・『「自分だけの答え」が見つかる13歳からのアート思考』 末永幸歩〔著〕、ダイヤモンド社、2020年
・『諦める力』 為末大〔著〕、小学館、2018年

「マスク世代」の子どもに体育は何ができるか

・『マスク社会が危ない——子どもの発達に「毎日マスク」はどう影響するか？』明和政子〔著〕、宝島社、2022年

数学がいざなうプレイフルな時代の身体論

・『数学する身体』森田真生〔著〕、新潮社、2015年
・『日本のこころ』岡潔〔著〕、講談社、1971年
・『官僚制のユートピア——テクノロジー、構造的愚かさ、リベラリズムの鉄則』デヴィッド・グレーバー〔著〕酒井隆史〔訳〕、以文社、2017年
・『サピエンス全史——文明の構造と人類の幸福』ユヴァル・ノア・ハラリ〔著〕柴田裕之〔訳〕、河出書房新社、2016年
・『The Dawn of Everything : A New History of Humanity』Graeber, David／Wengrow, David〔著〕、Penguin Books Ltd、2022年（未邦訳）
・『人間不平等起源論』ルソー〔著〕中山元〔訳〕、光文社、2008年
・『〈学級〉の歴史学』柳治男〔著〕、講談社、2005年

体育の醍醐味は「不便益」にあり?!

・『利己的な遺伝子〈40周年記念版〉』リチャード・ドーキンス〔著〕日高敏隆／岸由二／羽田節子／垂水雄二〔訳〕、紀伊國屋書店、2018年

為末 大（ためすえ・だい）

1978年広島県生まれ。スプリント種目の世界大会で日本人として初のメダル獲得者。男子400mハードル日本記録保持者（2024年1月現在）。

現在はスポーツ事業を行うほか、アスリートとしての学びをまとめた近著『熟達論：人はいつまでも学び、成長できる』（新潮社）を通じて、人間の熟達について探求する。

主な著書に『「遊ぶ」が勝ち 『ホモ・ルーデンス』で、君も跳べ!』（中央公論新社）、『Winning Alone』『諦める力』（プレジデント社）、『走る哲学』『ことば、身体、学び ―「できるようになる」とはどういうことか』（扶桑社）など多数。

ぼくたちには「体育《たいいく》」がこう見《み》える
——「体育《たいいく》」は学《まな》びの宝庫《ほうこ》である

NDC375 ／ X, 229p ／ 19cm

初版第 1 刷—— 2024 年 2 月 20 日

編著者————為末大《ためすえだい》
発行者————鈴木一行
発行所————株式会社 大修館書店
〒 113-8541 東京都文京区湯島 2-1-1
電話 03-3868-2651（営業部） 03-3868-2297（編集部）
振替 00190-7-40504
［出版情報］https://www.taishukan.co.jp

装丁・組版——石山智博
印刷所————横山印刷
製本所————難波製本

ISBN 978-4-469-26976-5 Printed in Japan